漢語百題

岸田知子
Kishida Tomoko

大修館書店

まえがき

漢語とは厳密にいうと「漢民族の言語」という意味である。かつて黄河の下流域地方を中原と呼び、そこに住んでいた人たちを漢族（漢民族）といった。その言語を漢語という。中国という国は、その地域も時代によって異なるが、少なくとも現代中国では人口の九五パーセントくらいは漢族で、漢語＝中国語といっていいだろう。漢語を書くときに用いる文字を漢字という。

しかし、いま日本ではこの漢語という言葉が、人によってまちまちに使われているようで、【漢字で書く日本語】というような意味で使う人もいる。一方、漢語をあくまで【漢族の言語】として、和製漢語とは分ける考え方もある。ここでは、日本で漢語という場合として、【漢字音から成る単語】ということにしておく。つまり、【中国から伝来して日本語に同化した字音語】だけではなく、【日本製の字音語】を含むということ、すなわち、中国伝来の字音語（中国製漢語）と日本製の字音語（和製漢語）とを合わせて、漢語ということにする。

たとえば、「今日は出張です」という場合、「今日」は「きょう（けふ）」と読めば和語で漢語ではないが、「こんじつ」あるいは「こんにち」と読めば『礼記』や『孟子』にも出てくる「中国製漢語」である。「出張」は「ではる」という和語に漢字を当てて音読みしたもので「和製漢語」となる。

漢語の基本となるのが中国伝来の漢語で、その中で最も多いのが「漢籍中の語」すなわち中国古典において使われている語である。また、「漢訳仏典中の語」もかなりの数になる。その中には意訳語（たとえば極楽、解脱、供養、輪廻、彼岸）があり、また梵語音訳（たとえば刹那、娑婆、奈落、夜叉、荼毘）がある。ある漢語が中国伝来の漢籍に載っているもの、すなわち由緒正しい漢語かどうかを調べるには、『大漢和辞典』で調べてみて、漢籍の出典が書かれてあれば間違いないのだが、万全ではない。また、『佩文韻府』という康熙帝が作らせた書物がある。詩を作るときに便利なように熟語の末尾の字を韻別に配列し、その言葉の出典が引いてある。

ところが、『佩文韻府』には仏教由来の語はほとんど載っていないし、『大漢和』も仏教語には弱いという一面があるから、これは仏教語辞典で調べなくてはならない。最近は『四庫全書』や『四部叢刊』といった漢籍の叢書や『大蔵経』のデジタルデータベースがＤＶＤなどで手に入るようになったが、これで調べると用例がすぐ見つかるのはいいのだが、文章中の句切れを挟んだ両側でたまたまその漢語になってしまうという場合もある。日本語の例でいうと、「はきもの」で検索すると「ここではきものを脱いでください」がヒットするというようなもの。だから、原文を読む力がないと正確を期すことができないのである。

漢語の仲間からは近代中国語音に基づく語、たとえば面子、麻雀、老酒、餃子、焼売などは省かれる。これらは外来語として扱われている。また、和語を漢字表記した当て字、たとえば素敵、丁度、兎角、野暮などは漢語には含まない（兎角はちょっと事情があるので本文に採用をした）。

また、音読み専用で独立性の強い一字語の場合も漢語である。たとえば、一、二、三、胃、絵、菊、句、碁、紺、字、栓、線、僧、茶、点、塔などである。これらの中には、漢字が伝来した時に日本にその事物や概念が存在しなかったり認識されていなかったりしたために中国語音で表現せざるをえなかったと理解されるものもあるが、すべてがそうともいえない。平安時代に成立した古辞書（『新撰字鏡』『倭名類聚鈔』など）には和訓が多く示されているが、その和訓、すなわち「やまとことば」は現在ではほとんどが用いられておらず、簡潔な漢語（漢字音）が使われていることが多い。胃（ものはみ→い）、駅（うまや、つぎうま→えき）、菊（かはらよもぎ→きく）、蝶（かはひらこ→てふ→ちょう）、肺（ふくふくし→はい）などがある。菊については、原産地が中国で日本に伝わったのは奈良時代とされているが、「きく」という音読みが先にあって、のちに「かはらよもぎ」という和語ができた、しかし「きく」が一般的に用いられたと考えられる。

ともかく、漢字と漢語についてはいろいろと複雑なわけがあって、それを背景にした「漢語」にも複雑な事情があるのである。

【漢語百題】もくじ

❖まえがき iii

❖ことばのイメージ 3

百……4／紫……6／白……8／狼……11／猫……13／麒麟……16／兎角……21／
凝脂……23／蛾眉……25／鬼門……30／松柏……33／蘭……35／菊……37／蓬……40／
桃……42／杏林……46／秋……49／夢……51／白日……54／玉……57

❖年中行事・故事由来のことば 59

七夕……60／更衣……63／干支……66／還暦……69／臥薪嘗胆……71／合従連衡……75／
快刀乱麻……80／漱石……83／塞……85／志学・弱冠……88／文・質……90／膾炙……92／
塗炭……95

❖中国古典・漢文独特のことば 97

字……98／諱……100／諱……103／排行……105／複姓……108／互文……110／助字……114／
遂……117／反訓……119／仮借……122／非……125／諸……128／耳……130

❖意味の転じたことば――133
陰・陽……134／粟……136／丈夫……138／姫……140／相……142／孤独……144／戻……146／
助教……148／甲……150／観光……152／尼……154／影響……156／共和……159／都合……161／
張本……163／兵……166／分野……168／控……170／堂……173／室……175／斗……178／
対策……180／人間……183／青山……186／哲学……189／筋……192／小学……195／御……199／
沖……201／経……204／郊……208／出世……210／杜……214／机下……216／阿弥陀……218／
勉強……221／未央……223／稽古……225

❖ことばの使い分け――227
名月・明月……228／水上・水中……231／閣・塔……234／帛・棉・綿……238／
師・士……242／矜恃・矜持……247／柿・杮……249／虫・蟲……251／篇・編……253／
貸・借……255／弁……258／例……260／芸……262／余……264／冒瀆……266／擡頭……269

❖おわりに 271

❖さくいん 274

漢語百題

ことばのイメージ

【百】ひゃく・もも

「百」には数の名としての一〇〇、すなわち一から数えて一〇〇番目の数の意味とは別に、多くのものやさまざまなものを表す意味がある。百貨店といえば、一〇〇の数だけの、あるいは一〇〇品目の商品を売る店ではなく、多くのさまざまな商品を売る店のことである。

百科事典もたいていの場合、百以上の項目を持っている。一方、「百害あって一利なし」の百害は、数えていけば百までは届かないだろう。百といっても、実数としては百以上の場合と百以下の場合がある。「友だち百人できるかな」は希望を込めた百である。

数の多いことを表す和語に「もも」がある。これに百という漢字が当てられたから、「百〜」と書いて「もも〜」と読む言葉がたくさんある。『広辞苑』では「百色染《ももいろぞめ》」「百枝《ももえ》」「百重《ももえ》」「百《もも》重《え》波《なみ》」「百《もも》重《え》山《やま》」「百日《ももか》」「百篝《ももかがり》」「百絡《ももがら》み」「百木《ももき》」「百草《ももくさ》・百種」「百隈《ももくま》」「百囀《ももさえず》り」「百石船《ももさかふね》」「百敷《ももしき》」「百《もも》度《たび》」「百千《ももち》」「百千《ももち》度《たび》」「百千《ももち》鳥《どり》」「百《もも》づ島《しま》」「百綴《ももつづ》り」「百手《ももて》」「百歳《ももとせ》」「百鳥《ももとり》」「百取《ももとり》の机《つくえ》」「百官《もものつかさ》」「百《もも》羽《は》掻《が》き」「百船《ももふね》」「百矢《ももや》」「百《もも》八《や》十《そ》神《がみ》」「百代《ももよ》・百世」「百夜《ももよ》」が並んでいる。

百と書いて「もも」と読むことを現代人に思い出させたのは山口百恵さんだろう。かつての山口百恵ブームの遠因の一つには、百恵という名のインパクトもあったのではないかと思う。多くの恵みがあるようにという命名の意図が、どこやら寂しげな彼女の表情に重なって、人を魅了する一因となったのではないだろうか。

日本には「百百」あるいは「百々」と書く姓や地名がある。姓としては「とど」と読み、地名としては京都市上京区では「とど」、美作《みまさか》や信濃上伊那では「どうどう」、三河や加賀などでは「どうど」と読むと『大漢和辞典』にある。「百目木」という姓や地名もあり、「百目鬼」と書くこともある。「どめき」または「どうめき」と読む。

漢語にも、数の多い、さまざまな、という意味の百のついた語はたくさんあって、四字熟語も多い。例をあげると、「諸子百家」「百家争鳴」「百花斉放」「百花繚乱」「百折不撓」「百薬之長」「百鬼夜行」「百戦錬磨」「百世之師」など。熟語数はおそらく「千」よりも多いだろう。物がたくさんあるといっても、なかなか千まではいかないものである。

一方、百をそのまま一〇〇の意味に取ることばもある。「百歳之後」とは人の死を婉曲にいう言葉。人の寿命は長くて百歳だからというわけである。これに似た「千秋万歳之後」は皇帝の死後をいう（秋→五〇頁）。皇帝だからこそ、そこまでは生きておられることはないという千年万年を持ち出すが、一般人は百歳ぐらいでいいだろうという手近感が見える。もっとも、今の日本では百歳を超えた人が五八、八二〇人（二〇一四年）おられるというから、「百歳の後」をうっかり使うと失礼に当たることもあるだろう（使う人もあるまいが）。

【紫】し／むらさき

『論語《ろんご》』陽貨篇《ようかへん》に次の文章がある。

子曰《しい》はく、紫《むらさき》の朱《しゅ》を奪《うば》ふを悪《にく》む。鄭声《ていせい》の雅楽《ががく》を乱《みだ》すを悪む。利口《りこう》の邦家《ほうか》を覆《くつがへ》すを悪む。

先生がいわれた、「紫が朱色を圧倒するのが憎い。鄭の国の音楽が雅楽を乱すのが憎い。口達者なものが国家をくつがえすのが憎い。」

青・赤（朱）・黄・白・黒（玄）の五色が五行の木・火・土・金・水の色として広まるのは戦国後期と思われる。しかし、五行に配当される五色にこれらの色が選ばれるのは意味のあることである。つまり、青・赤・黄は三原色であり、それに無彩色の白と黒が加わっている。古代人にもこれらが色の基本であることがわかっていたからであろう。ということは五行思想が成立する以前から、基本色としてのこの五色は建築物や車や衣服などによく用いられていたといってよいだろう。

紫は青と赤を混合することで生まれる。孔子は基本カラー、すなわち正色である朱色より、間色の紫が目立つのを嫌った。また、孔子は鄭の国の音楽を嫌った。鄭の国は黄河の下流域にあり、古くから交通量が多かった。街道沿いには繁華な街が生まれる。鄭の都も俗っぽい賑わいを見せ、音楽も通俗的なものが流行していたのである。正統的なものを好む孔子にとって、紫という色は、鄭の音楽や口達者な人と同じように、正統を乱す俗っぽいものであった。

紫色は漢代でも間色だからという理由で評価が低かった。「紫色蛙声《しショくあせい》」ということばが『漢書《かんじょ》』王莽伝《おうもうでん》に出てくる。紫色は間色、蛙声は邪音で、ともに正しくないもののたとえである。

ところが六朝頃から、紫が特別な意味合いを持つようになる（それは儒教の衰退にともなう孔子的価値観からの脱却ともみえる）。北斗の北に紫微垣《しびえん》という星座があり、これが天帝の居場所とされた。地上の天子の居所をこれになぞらえて紫宮というようになり（『晋書』など）、また仙人の居所も紫宮や紫室などというようになった。つまり、紫に高貴な神秘的なイメージが生じたのである。日本にもこのイメージが輸入され、紫は高貴な色とされるようになったのであろう。

天子の御殿をいう「紫宸殿《ししんでん》」は『唐書』百官志に初出する。紫は紫微星、宸は帝居をいう。この「紫宸殿」は日本にもさっそく取り入れられ、平安京内裏の正殿の名となった。

明《みん》の太祖洪武帝は一三七三年、南京に宮城を新しく造営して「紫禁城」と呼んだ。成祖永楽帝は一四一七年、北京に遷都し宮城を造った。一四二〇年に完成した宮城をまた紫禁城と呼び、明を滅ぼした清もこれを継承した。ちなみに「禁」はもともと神域をいう。そこから天子の居所や禁止の意味ができた。また、現在いうところの「故宮」とはもともとの宮殿の意味で、紫禁城を指す。

【白】はく／しろ・もうす

白は色がしろいというのが第一義で、そこからいさぎよい（潔白）や、黒の示す意味と反対の意味（清い・正しいなど）が生まれた。また、しろくするということから夜が明けるの意もあり、あきらか、まじりけがないの意、むなしい（空白）の意もある。

一方、もうす、つげるという意味もある。「建白」「自白」「告白」の「白」はこの意である。

五行（木火土金水）の金は、色では白、季節では秋、方角では西に当たるから、秋を白秋といい、西の聖獣を白虎という。

多くの中で最も優れたものをいうことばに「白眉《はくび》」がある。これは『三国志』蜀書《しょくしょ》の馬良伝《ばりょうでん》に拠る。

> 馬良《ばりょう》、字《あざな》は季常《きじょう》、襄陽宜城《じょうようぎじょう》の人《ひと》なり。兄弟《けいてい》五人、並《なら》びに才名《さいめい》有り。郷里《きょうり》これがために諺《ことわざ》して曰はく、「馬氏五常《ばしごじょう》、白眉最良なり」と。良、眉中《びちゅう》に白毛《はくもう》有り。故《ゆえ》に以《もっ》てこれを称《しょう》す。

馬氏の五人兄弟はみな才子として有名であった。郷里の人々は「馬氏の五人の常（兄弟の字《あざな》にはみな常がついていた）では白眉が最も優秀だ」と噂しあった。馬良の眉の中に白い毛があったために、彼を白眉と称したのである。ちなみに馬良の字《あざな》は季常なので、五人兄弟の末っ子であったことがわかる。

軽蔑した目つきで見ることを「白眼視」という。これは『晋書《しんじょ》』阮籍伝《げんせきでん》の逸話から。

礼教《れいきょう》に拘《かか》はらず、能《よ》く青白眼《せいはくがん》を為《な》し、礼俗《れいぞく》の士《し》は、白眼《はくがん》を以《もっ》てこれに対《たい》す。

阮籍は礼の教えは俗っぽいものだとみなして、それにとらわれることはなかった。彼は、ふつうの目つきと白眼とを使い分け、礼に染まった俗人には白眼で応対したという。

さて、この「白」の項はWEB連載の九九回に書いたもの。それにはわけがある。日本では「白」の字で「九十九」を表すことがある。九十九歳の祝いを「白寿」というのが好例である。九十九は百から一を引いた数であり、「百」の字から一画を取ったら「白」になるからである。

「白髪」を「九十九髪」と書き、「つくもがみ」と読む。「九十九」を「つくも」と読むのは「つぐもも（次ぐ百）」すなわち百に満たないの意の略だともいい、白髪がツクモという海草に似ているからともいう。

大阪の千里ニュータウンに津雲台《つくもだい》という地名がある。昔、大学院生の頃、そこにある府立高校に非常勤講師として週に二日通った。津雲という地名に造語っぽい感じを抱いていたが、あるとき、いつもと違う路線のバスに乗ったら、「九十九」というバス停があったのだ。もちろん、「つくも」と読む。おそらく白い土壌の高台であったのだろう。そこで、白すなわち九十九と名付けられた。それがニュータウンになったときに津雲台という人工的な名に変わり、旧名がバス停の名に残ったということか、と合点したのであった。この地名の由来については、あくまで筆者の勝手な思い込みであるが、存外当たっているのではないかと思っている。

【狼】ろう／おおかみ

オオカミという動物はよほど悪い印象を持たれていたようで、「狼心《ろうしん》」はオオカミのように欲深い心、「狼戻《ろうれい》」はオオカミのように心がひねくれて道理にはずれることをいう。また虎と並べた「虎狼《ころう》」は残忍で欲深いもののたとえ。秦の始皇帝は虎狼の心を持つとして恐れられた（『史記』項羽本紀）。豺《やまいぬ》と並べた「豺狼《さいろう》」も同様の意味に用いられる。

オオカミは欲深く残忍であるという以外に荒っぽくて雑な性格でもあるらしい。その寝床はとり散らかっていて乱雑だというところから「狼藉《ろうぜき》」ということばができた。「藉」は敷物、しとねの意。散らかっているという意味の「狼藉」が、日本では乱暴で無法なふるまいを意味するようになったのは、やはりオオカミの持つ悪者イメージが加わったからといってよいであろう。

オオカミは警戒心も強かったようで、よく後ろを振り返った。そこから「狼顧《ろうこ》」は追跡者を恐れてよく振り返ることを意味する。また、オオカミのように体が前向きのままで後ろを振り返ることのできる首をもいう。魏・蜀・呉の三国を次々に制して晋を建国した司馬懿《しばい》（宣帝《せんてい》）にはこの「狼顧の相」があったという（『晋書』宣帝紀）。

「狼煙《ろうえん》」「狼火《ろうか》」はのろしのこと。オオカミの糞を薪に混ぜて燃やすと、風が吹いても煙がまっすぐにのぼるという。心がひねくれてねじまがっているとされるオオカミであるが、糞の煙はまっすぐだというのがおもしろい。

「狼狽《ろうばい》」の「狽」はオオカミの一種で、前足が極端に短いため、いつもオオカミの後ろに乗って歩く。オオカミから離れると倒れて動けず、あわてるという。そこからこの語ができたという説が、『酉陽雑俎《ゆうようざっそ》』(唐・段成式撰《だんせいしきせん》)に紹介されている。狽という動物が実在したかどうかはしらないが、オオカミのおしりに前足を乗せて歩く狽を見かけたら、それこそ狼狽してしまいそうだ。

現代の日本では「男はみんなオオカミよ」とか「オオカミなんか怖くない」といったフレーズが示すように、女の子の敵としてのオオカミが定着しているようだ。これは「赤ずきんちゃん」のオオカミから来ているのであろう。あるいは満月になると変身するという狼男伝説からだろうか。この狼男もマイケル・J・フォックスが演ずると学園の人気者になる(「ティーン・ウルフ」)。

【猫】びょう／ねこ

十二支になぜネコがいないのか。これは昔の中国にネコがいなかったからである。ネコは西方が原産の動物で、古代エジプトでは鼠対策として飼育され、神聖視すらされていた。ネコのミイラも残っている。

中国にはいつ頃入ってきたのだろう。殷代《いんだい》（前一六世紀頃～前一一世紀頃）の甲骨文字には猫の文字はないから、この時代にはいなかったとみてよい。文献に最初に見える「猫」は前五世紀頃に編まれた『詩経《しきょう》』大雅《たいが》・韓奕《かんえき》にある。

熊《くま》有《あ》り、羆《ひぐま》有り、猫《びょう》有り、虎《とら》有り。

しかし、ここでは並ぶ動物が猛獣であること、また前漢に書かれた注に

猫《びょう》は虎《とら》に似て毛《け》の浅《あさ》き者《もの》なり。

とあること、また『爾雅《じが》』釈獣に

虎《とら》の毛《け》を窃《ぬす》む、これを戲猫《さんびょう》と謂《い》ふ。

とあることから、毛の薄い虎に似たネコ科の猛獣と思われる。

次に古いのは『礼記《らいき》』郊特牲《こうとくせい》に出てくる猫である。

猫《ねこ》を迎《むか》ふるは、其《そ》の田鼠《でんそ》を食《くら》ふがためなり。

ここの猫はネズミを捕らえるネコであり、『礼記』がまとめられた前漢初めまでにはネズミ対策として輸入されていたということになる。

ものの順序を示す「子丑寅卯辰巳午未申酉戌亥」の十二支にネズミ・ウシ・トラ・ウサギと動物が当てはめられたのは前漢頃とされている。後漢の王充《おうじゅう》の『論衡《ろんこう》』では、そこから生じた迷信を批判しているから、十二支の動物は後漢にはすっかり世に広まっていたと考えられる。前漢の頃、まだ身近な動物ではなかった輸入動物のネコは十二支に入ることはできなかったのである。

ネコが身近な動物でなかったことは猫の字のつく熟語が漢語としてはほとんどないことからもわかる。一方、日本語の辞典には「猫かぶり」「猫かわいがり」「猫背」「猫の額」「猫なで声」「猫ばば」などの語が並ぶ。おそらく奈良時代頃に中国から日本に輸入されたネコは、日本人にすっかりなじんだ存在になったことを示している。

ちなみに猫の字の旁《つくり》である苗（びょう・みょう）は鳴き声をあらわす。『詩経』に出てきた毛の薄いトラに似た猛獣もビョウ、あるいはミョウと鳴いたのであろう。

【麒麟】きりん

「麒麟」とは、古代中国の想像上の動物。「麒」や「麟」でも用いられる。『詩経』周南《しゅうなん》・麟之趾《りんしし》の詩がこの名前の最も古い登場であろう。この詩には「麟之趾《あし》」「麟之定《ひたい》」「麟之角」が出てくる。この麟は瑞獣《ずいじゅう》（めでたい獣）として解釈されてきたが、近年はこれを否定し、鹿を神格化して述べたものとする説も出ている。

麒麟は『礼記《らいき》』礼運篇《れいうん》では四霊の一つとして出てくる。

何《なに》をか四霊《しれい》と謂《い》ふ。麟鳳亀龍《りんぽうきりょう》、これを四霊《しれい》と謂ふ。

霊とは神霊なる生物の意味である。人が龍を養うと魚は逃げなくなり、鳳を養うと鳥は逃げなくなり、麟を養うと獣は逃げなくなり、亀を養うと人民の心が離れないという。もちろん、そういうことができる人とは聖人君子である。礼運篇には次の文章もある。

故《ゆゑ》に天《てん》は膏露《こうろ》を降《くだ》し、地《ち》は醴泉《れいせん》を出《いだ》し、山《やま》は器車《きしゃ》を出し、河《か》は馬図《ばと》を出す。鳳凰麒《ほうおうき》麟《りん》は、皆《み》な郊棷《こうしゅ》に在《あ》り、亀龍《きりょう》宮沼《きゅうしょう》に在り。

聖人君子がよい政治を行うと、天は甘い露を降し、地は甘い泉を湧き出し、山は金属器や車を産出し、河からは龍馬が予言書を背負って出てくる。これらはすべて瑞祥である。さらに鳳凰と麒麟が郊外の藪地に、亀と龍が宮殿の池にいる。これは聖人が四霊を養っていることをいう。

経書以外の書物にも麒麟は登場する。『孟子《もうし》』公孫丑《こうそんちゅう》篇上に

豈惟民《あにただたみ》のみならんや。麒麟《きりん》の走獣《そうじゅう》に於《お》ける、鳳凰《ほうおう》の飛鳥《ひちょう》に於ける、泰山《たいざん》の丘垤《きゅうてつ》に於ける、河海《かかい》の行潦《こうりょう》に於ける、類《るい》なり。

とある。これは孔子の弟子の有若のことばとして「ただ人だけに高下があるのではない。麒麟と走獣、鳳凰と飛鳥、泰山と丘陵、黄河大海と水たまり、みな同類である」という。

『管子《かんし》』封禅《ほうぜん》篇には、

鳳凰《ほうおう》麒麟《きりん》来《き》たらざれば、嘉穀生《かこくしょう》ぜず。

とあって、鳳凰や麒麟が現れないような君王のもとでは、いい穀物は生えないという。以上の例から麒麟と鳳凰は対応する関係として用いられていることがわかる。

最古の漢字字書である後漢・許慎《きょしん》撰『説文解字《せつもんかいじ》』の「麒」の項では、その姿について述べられている。

麒麟《きりん》、仁獣《じんじゅう》なり。麇《のろ》の身《み》、牛《うし》の尾《お》、一角《いっかく》なり。

「麇」は「麕」「麞」とも書き、訓は「のろ」。鹿の一種である。のろの体に牛の尾を持ち、一本の角を生やしているとある。

『説文解字』では「麟」の字は見出し字になく「鹿」の下に「吝」を書いた字があり（これも「りん」と読む）、「牝麒」、つまり雌の麒をいうとある。麒が雄、麟が雌という説が、こののち語り継がれていく。

麒麟の姿や性向については、呉の陸機《りくき》の『毛詩《もうし》草木鳥獣虫魚疏《そうもくちょうじゅうちゅうぎょそ》』にてさらに詳しく述べられている。なお、この書は『詩経（毛詩ともいう）』に登場する植物や動物を解説したもので、上述した「麟之趾」の麟について書いたものである。

麟は麕の身、牛の尾、馬の足、黄色、円《まる》い蹄《ひづめ》、一角《いっかく》、角端《かくたん》に肉《にく》有り。音《おと》は鐘呂《しょうろ》に中《あた》り、行なひは規矩《きく》に中る。遊《あそ》ぶに必ず地《ち》を択《えら》び、詳《つまび》らかにして後《あと》に処《よ》る。生虫《せいちゅう》を履《ふ》まず、生草《せいそう》を践《ふ》まず、群居《ぐんきょ》せず、侶行《りょこう》せず、陥穽《かんせい》に入《い》らず、羅網《らもう》に罹《かか》らず。王者至仁《おうじゃしじん》ならば、則《すなは》ち出《い》づ。

麟は麕の体、牛の尾、馬の足、黄色の毛、丸いひづめで、一本の角があり、角の端に肉がある。

音は鍾の呂（陰の調子）にあたり、その行いは規矩にあてはまる。遊ぶに必ず土地を選び、その地をよく知ってから留まる。生き物や生きた草を踏まず、群がって住まず、連れだって行かず、落とし穴に入らない。王者が至仁であれば、世に現れる。

次に『広辞苑』で麒麟を引いてみよう。

（雄を「麒」、雌を「麟」という）中国で聖人の出る前に現れると称する想像上の動物。形は鹿に似て大きく、尾は牛に、蹄は馬に似、背毛は五彩で毛は黄色。頭上に肉に包まれた角がある。生草を踏まず生物を食わないという。

『広辞苑』の記事は『説文解字』や『毛詩草木鳥獣虫魚疏』の寄せ集めだが、「背毛は五彩」はこれら二書にはない。

ところで、麒麟の姿は日本人にとってはキリンビールのラベルでおなじみである。このラベルは明治22年（一八八九年）の絵で、キリンビールによると正確な制作者はわかっていないようであるが、おそらく『古今図書集成《ここんとしょしゅうせい》』の図や『和漢三才図会《わかんさんさいずえ》』の図あたりをデザインしたものではないだろうか。ちなみに五彩の

キリンビールのラベル

背毛は見られない。

傑出した人物を麒麟にたとえることがあり、それが少年である場合は「麒麟児」と呼んだ。以前、麒麟児という醜名《しこな》のお相撲さんがいて、命名した親方のセンスのよさに感心したものだ。

麒麟といえば有名なのが「獲麟《かくりん》」の語である。『春秋』に、

春《はる》、西《にし》のかた狩りして麟《りん》を獲《え》たり。

とある。春に西の狩りで麟がつかまったというのである。仁獣である麒麟は聖王の出現を待って現れるものといわれた。それが、この混乱を極めた無政府状態のような世に現れたというのはどういうことだろう。麟においても善政に感応する力が衰えたというのだろうか。原史料を編纂して『春秋』を書いてきた（とされている）孔子は、ここで筆を絶ち、『春秋』経は「西狩獲麟（西のかた狩りして麟を得たり）」で終わった、と『公羊伝《くようでん》』はいう。しかし、『左氏伝《さしでん》』は哀公一六年夏四月の孔子の死去まで経文を続け、そのあと二七年まで伝文のみを記した。

ともあれ、孔子が『春秋』を「西狩獲麟」の句をもって筆を絶ち、その後に亡くなったことから、「獲麟」は絶筆を意味するようになった。

【兎角】とかく

夏目漱石の『草枕』の有名な冒頭部分に「兎角に人の世は住みにくい」とある、この「兎角」はなんだろう。これは副詞「とかく」に当て字をしたものであって、この場合は何にせよの意。他にも、なにやかやと、ややもすれば、といった意味で用いられる。同じ意味の「とにかく」「ともかく」にも「兎に角」「兎も角」とこの当て字が用いられることが多い。

しかし、本来の「兎角」には別の意味がある。うさぎには角はない。また亀には毛はない。そこでこれらを並べた「兎角亀毛《とかくきもう》」ということばは、存在しないものを意味する。これは仏典にあることばである。

空海の青年時代の著作『三教指帰《さんごうしいき》』には兎角公《とかくこう》、亀毛先生《きもうせんせい》という人物が登場する。兎角公の息子の名は蛭牙公子《しつがこうし》であり、この蛭牙というのも蛭《ひる》には牙、すなわち歯がないことから存在しないことを意味する。この著作には虚亡隠士《こぼういんし》や仮名乞児《かめいこつじ》も登場するが、これらもまた実体のないことを意味する名前が付いている。

論著の中に架空の人物を登場させるとき、こうした「ありえないもの」や「なんにもない」というような意味の名を付けることは中国の古い文章にはみられる。その代表的なものは漢の司馬相《しばしょう》如《じょ》の「子虚上林賦《しきょじょうりんふ》」である。この賦では虚言を意味する子虚という名の人物と、架空の人間を意味する烏有先生《うゆうせんせい》、実在しないという意味の亡是公《ぼうぜこう》が登場する。

ちなみに「烏有」は訓読すると「烏《なん》ぞ有らんや」となり、どうして有ろうか、いや無いという意味。何も無くなってしまうことを「烏有に帰《き》す」という。

この「子虚上林賦」は子虚が楚王の庭園の見事さを述べ、烏有先生が斉王の庭園を自慢し、最後に亡是公が天子の上林苑のすばらしさを説くという構成になっている。空海の『三教指帰』が、亀毛先生が儒教を学ぶことの効果を述べ、虚亡隠士が道教のすばらしさを説き、最後に仮名乞児が仏教の優位を論ずるという構成になっていることと比べあわせると、架空の人物名もよく似ていて、影響を受けているのは明らかである。

『三教指帰』に文章表現や構成上の影響を与えた論著は他にもあるのだが、その中で、漢の王褒《おうほう》の「四子講徳論」も、微斯文学《びしぶんがく》、虚儀夫子《きょぎふうし》、浮遊先生《ふゆうせんせい》、陳丘子《ちんきゅうし》という四人の対話による筋立てである。これら登場人物の名も微・虚・浮遊という実体のなさそうなはかなげなものになっている。

【凝脂】ぎょうし

凝脂とは文字通り、凝固した脂肪の意であるが、中国では古くから白くなめらかな肌のたとえに用いられてきた。

『詩経』衛風の「碩人《せきじん》」の詩に次の句がある。

手《て》は柔荑《じゅうい》のごとく、膚《はだ》は凝脂《ぎょうし》のごとし。

碩人は美人の意。その手は生えたばかりの木の芽のように柔らかく、肌は固まった脂のようになめらかだという。美しい肌を動物の脂肪、すなわちラードにたとえるのは、動物の肉を食することが多く、その脂肪も目にふれることが多かったからである。

しかし、凝脂は女性の肌をいうばかりではない。『世説新語《せせつしんご》』容止篇《ようしへん》には次の説話がある。

王右軍《おうゆうぐん》　杜弘治《とこうち》を見《み》て、歎《たん》じて曰はく、面《めん》は凝脂《ぎょうし》のごとく、眼《め》は点漆《てんしつ》のごとし。此《こ》れ神仙中《しんせんちゅう》の人《ひと》なり。

王右軍とは東晋の「書聖」王羲之《おうぎし》のこと。杜弘治に会って思わずため息をもらし、「顔は凝脂のよう、眼は漆を点じたかのよう。これこそ神仙中の人だ」といったという。篇名の「容止」は容貌風采の意味。六朝時代は、官僚である士大夫《したいふ》が貴族化して、容貌風采が尊重された。容止篇にはそうしたエピソードが集められている。この話からも、美しい男性が賞賛の対象となっていたことや、神仙（仙人）が理想の人間像として意識されていたことがうかがえる。

とはいえ「凝脂」で有名なのは何といっても白居易の「長恨歌《ちょうごんか》」に詠われている楊貴妃の肌である。

春寒《はるさむ》くして浴《よく》を賜《たま》ふ　華清《かせい》の池《ち》　　春寒賜浴華清池
温泉《おんせん》　水滑《みづなめ》らかにして凝脂を洗《あら》ふ　　温泉水滑洗凝脂

楊氏の娘は、長安郊外の驪山《りざん》温泉の離宮、華清宮で初めて皇帝（玄宗）に謁見した。その美しさに心を奪われた皇帝は、彼女のために特別の浴室を作らせた。まだ寒さの残る春の日に、その浴室の湯にひたる彼女の肌の白く滑らかなようすを、白居易はこのように詠った。脂ということばが、そそがれる温泉の水をはじいている若い肌をも連想させ、たいへんにエロティックな描写になっている。

白くきめ細かい肌を日本語では「餅肌《もちはだ》」というが、色っぽさでは凝脂に軍配があがるだろう。

【蛾眉】がび

「凝脂《ぎょうし》」(→一二三頁)でも引いた『詩経』衛風の「碩人《せきじん》」をもう少し長く引用してみよう。

手《て》は柔荑《じゅうい》のごとく、膚《はだ》は凝脂《ぎょうし》のごとく、領《くび》は蝤蠐《しゅうせい》のごとく、歯《は》は瓠犀《こさい》のごとく、螓《しん》首蛾眉《しゅがび》にして、巧笑倩《こうしょうせん》たり、美目盼《びもくけい》たり。

碩人とはここでは美人のこと。美人のさまをいろいろなものにたとえているのである。手は生えてきたばかりの芽のように柔らかい。肌は固まった脂のように白くなめらかだ。領《うなじ》はキクイムシのそれのように細い。歯はひさごのタネのようにきれいにならんでいる。ナツゼミのように広くて白い額《ひたい》に、蛾の触角のように細く美しく曲がっている眉。にっこり笑うさまは美しく、美しい目元はくっきりしている、という。

われわれにはそのたとえがピンとこないものもあるが、「螓首」や「蛾眉」はそれだけで美人を指すことばになった。特に「蛾眉」は後世の詩文によく登場する(一説に蛾は娥であるという。娥は美しい、また美人の意。しかし、虫の名を並べた中にあっては蛾でよいのではないかと思う)。

戦国時代の楚《そ》の地方の歌を集めた『楚辞《そじ》』の代表的作品「離騒《りそう》」にも「蛾眉」は登場する。

衆女《しゅうじょ》　余《よ》の蛾眉《がび》を嫉《ねた》み、謡《うた》ひ諑《うった》へ、余《よ》を謂《い》ふに善《よ》く淫《いん》するを以《もっ》てす。

女たちは私の美しい眉、すなわち美貌をねたんで、私を淫らな者といいふらした、と訳されるが、実は作者屈原が政界の徒党を組む者たちから、その高潔な行いをねたまれ、君主に讒言《ざんげん》されたことを暗喩しているのである。「蛾眉」は『詩経』の舞台である黄河流域地方だけではなく、南方の楚でも美貌を指していたことがわかる。

『詩経』以後、諸々の詩文に用いられた「蛾眉」は、空海の『三教指帰《さんごうしいき》』にも出てくる。巻下に次の句がある。

婕娟《しょうけん》たる蛾眉《がび》、霞《かすみ》を逐《お》ひて以《もっ》て雲閣《うんかく》に飛び、的皪《てきれき》たる貝歯《ばいし》、露《つゆ》に添《そ》ひて咸《み》な零落《れいらく》す。

なかなか難解な句であるが、ここは福永光司訳をあげておくと、「細く美しい美人の眉も霞とともに雲の宮居《みやい》に飛びさり、貝のように白く輝く美女の歯も露とともにみな脱《ぬ》けおちてしまう（『空海　三教指帰ほか』中公クラシックス）」となる。

「蛾眉」は唐代詩人にもよく用いられた。初唐の劉廷芝《りゅうていし》の詩「白頭を悲しむ翁に代はる（代悲白頭翁）」は「年年歳歳花相似たり、歳歳年年人同じからず」の句が有名であるが、この詩の終わりのほうに次の句がある。

宛転《あんてん》たる蛾眉《がび》　能《よ》く幾時《いくとき》ぞ
須臾《しゅゆ》にして鶴髪《かくはつ》　乱《みだ》れて糸《いと》のごとし

宛転蛾眉能幾時
須臾鶴髪乱如糸

「宛転」は美しい曲線を描くこと。うるわしい眉の女性も若くて美しい時期はどれほどあるというのか。あっというまに白い髪がもつれた糸のようになってしまう、という。

盛唐の詩人李白の五言絶句「怨情」にも「蛾眉」は現れる。

美人《びじん》　珠簾《じゅす》を捲《ま》き
深《ふか》く坐《ざ》して蛾眉《がび》を顰《ひそ》む

美人捲珠簾
深坐顰蛾眉

美人は珠のすだれを巻き上げて、深く腰をかけ、なにか悩みでもあるのだろう、美しい眉をひそめる。これは昔の美女西施《せいし》が病のために苦しげに眉をひそめたという話を想起させる。西施の悩ましげなようすが美しいので、醜女がまねをしたら皆が気味悪がったという「顰《ひそ》みに倣《なら》う」は『荘《そう》子《じ》』天運《てんうん》篇を出典とする。

白居易の「長恨歌」では、楊貴妃の死のシーンに「蛾眉」が登場する。

六軍《りくぐん》　発《はっ》せず　奈何《いかん》ともする無《な》く
宛転《えんてん》たる蛾眉《がび》　馬前《ばぜん》に死《し》す

六軍不発無奈何
宛転蛾眉馬前死

都を反乱軍に占拠されて、玄宗一行は成都を目指して出発した。西に百余里の馬嵬駅《ばかい》までたどりついたとき、この乱の原因は楊氏一族にあるとして近衛兵らが騒ぎ出す。ついには楊貴妃を自殺させ、その亡骸を兵士の前に持ち出す。

吉川幸次郎はこの二句について、「六軍とは、天子の近衛兵六部隊。宛転たる蛾眉とは、蛾の羽根のように、長く丸く眉をひくのが、唐のモードであった。「馬前に死す」。美しいなきがらが、兵士たちの好奇のひとみの前にさらされたことを、うまく写した三字である。」と書いている（『続・新唐詩選』岩波新書）。「蛾眉」は、「蛾の羽根のように」とあるが、蛾の羽根は長くはないから、ここは触角でないとおかしい。また、これが「唐のモード」というが、『詩経』以来、美人の眉は「蛾眉」と決まっている。

ともあれ、ここでは「蛾眉」の語だけで楊貴妃を指す。楊貴妃は登場まもなく「凝脂」の肌を見せ、永別のシーンでは「蛾眉」と詠われている。美人を形容することばは『詩経』より脈々と受け継がれているのである。

眉はいつの時代でも細く湾曲したのが美しいとされてきたのだが、美人の理想体型はどうであろうか。古代の『詩経』に描かれた美人は、キクイムシのように細いうなじのスラリとした体型であったようで、降《くだ》って隋・初唐の陶製の俑《よう》にも共通する。ところが、中唐頃からの美人像はふっくら体型に変わってきていて、正倉院御物の「鳥毛立女像」にも見られるが、これは玄宗好みであったといわれている。つまり、楊貴妃はふっくらタイプだったのである。晩唐期の宮女を描いた絵をみるとふっくら体型の女性が並んでいる。そののち、たとえば明代の美人画ではまたもやほっそり型が登場しているから、ふっくらタイプがもてはやされた時代は限られていたようだ。

明代では額と鼻すじとあごを白く塗る化粧法が流行ったが、額を白く塗るのは「螓首」に由来するのかもしれない。しかし、平板なアジア女性の顔を立体的に見せるこの化粧法は、現代にも通じるものである。

【鬼門】きもん

鬼門とは、「陰陽道《おんみょうどう》で、鬼が出入りするといって万事に忌み嫌う方角で、艮《うしとら》すなわち東北の称」と『広辞苑』にある。

鬼門を出入りする鬼は「き」と読むのであるが、日本ではこれを「おに」と読み、「うしとら」にちなんで、牛の角を生やし虎のふんどしをはいた形で描かれる。

本来、鬼《き》とは死者の霊をいう。霊の存在を否定する考えを無鬼論といい、中国では後漢の王充《おうじゅう》という無鬼論者として有名な人物がいるが、わが山片蟠桃《やまがたばんとう》も徹底した無鬼論を展開している。蟠桃の『夢《ゆめ》ノ代《しろ》』の無鬼篇上第二章には、『史記』黄帝本紀《こうていほんぎ》（五帝本紀の内）の「鬼神《きじん》は山川の封禅」の語句が「鬼神」の初出であると述べ、同じく顓頊《せんぎょく》本紀（同）にも「鬼神《きじん》に依《よ》りて以《もっ》て義《ぎ》を制《せい》す」とあるのを引き、「コレミナ山川ノ神ヲ云也」とする。つまり、『史記』でいう鬼神は山川の神のことをいっているのであって、死者の霊の存在を認めるものではないとするのである。

このあとに次のように続けている。

同注ニ海外経ヲ引テ云、

東海中有山焉、名曰土索、上有大桃樹、屈蟠三千里、東北有門、名曰鬼門、万鬼所衆也、天帝使神人守之。一名欝塁、主閲領万鬼、若害人之鬼、以葦索縛之、射以桃弧、投虎食也、

コレハ仏家ニ曰《いう》悪鬼ニ似タリ。桓武帝ノ時、最澄ナル僧コノ鬼門ノ説ヲトリテ、王城ノ鬼門ヲ守ルト詈《ののし》リテ、叡山《えいざん》ヲ開ク。コノ鬼門ハ桃樹ノ東北也。是ヲ我邦《わがくに》ノ王城ニ用ユベキニアラザル也。

「海外経」というのは中国古代の地理書『山海経《せんがいきょう》』の篇名である。わざわざ『史記』の注に引かれている海外経を引くのは、現行の『山海経』にはこの文章が載っていないからである（注に引く海外経原文では「天帝使神人守之」のあとに「一名神荼」の句がある）。海外経の文意は次の通り。

東海の沖に山があり、名を土索《どさく》という。その山に大きな桃の木があって、三千里にもわたって枝をうねりまがらせている。その東北に門があり、名を鬼門といい、多くの鬼が集まる。天帝は神人にこの門を守らせた。その名を（神荼《しんと》と）欝塁《うつるい》といい、鬼たちを統治することを任務とした。もし人に害を与える鬼がいれば、葦の縄でしばり、桃の弓で射て、虎の餌食にした。

蟠桃は、ここでいう鬼は仏教でいう悪鬼に似ているといい、後文で日本の中世以後の鬼はみなこの悪鬼を指すという。そして、桓武天皇のとき、最澄はこの鬼門の説を取り上げ、御所の鬼門を守るためと騒ぎ立てて、御所の東北に当たる比叡山に延暦寺を建てた。海外経の鬼門は土索山の桃の

木の東北にあるのであって、これをわが国の御所に当てはめるのはもってのほかだ、と述べる。『山海経』といった荒唐無稽な書を批判するのも忘れない。

蟠桃は同じ内容のことを同書天文篇でもすでに述べている。第十九章では冒頭から、

鬼門ト云《いう》事ハ、最澄比叡山ヲ開カンガ為《ため》ニ云出《いい》ス処、ア、憎ムベシ。

といい、『山海経』海外経の同文を引いている。

鬼門のことは『叡岳要記《えいがくようき》』にあるが、最澄が言い出したというのは後世の説であるらしい（岩波思想大系頭注）。ともあれ、陰陽道にも取り入れられ、日本では東北を鬼門といって忌み嫌うことになったわけであるが、まったく根拠のないことであるからと、蟠桃には腹立たしいかぎりであったにちがいない。

昔、恩師を囲む席上で、ある人が「先生は鬼門のことも考えてお家を建てましたか」と聞いた。恩師がご自宅の設計をご自身でなさったという話は、我々のあいだでは有名であった。恩師は笑いながら、「私は鬼門などは信じないけれど、万一、家を売らなければならないようになったときに売れなくては困るから、そういうことも調べて建てました」とおっしゃった。まだ若かった私は、これこそ大人の考え方だとたいへんに感心したものである。

【松柏】しょうはく

『論語』子罕篇に次のことばがある。

子曰《しい》はく、歳寒《としさむ》くして、然《しか》る後《のち》に松柏《しょうはく》の彫《しぼ》むに後《おく》るることを知《し》る。

この孔子のことばは、気候が寒くなって周りの木々が葉を落としてから、はじめて松や柏が青々と残っていることがわかるという意味で、人も危難に遭ってはじめて、その真価がわかる、というたとえである。

ここでわかるように松も柏も常緑樹である。松はともかく柏は、という人は柏餅《かしわもち》の柏を思い浮かべていることだろう。日本でいうカシワはブナ科の落葉樹であるが、柏はヒノキやコノテガシワなどの常緑樹をいう。常緑であることから、松とともに長く変わらないものや節操の堅いことのたとえに用いられる。日本でいえば松竹になろう。

後漢に作られた「古詩十九首」の中に「去る者は日に以て疎く、来る者は日に以て親し」という有名なフレーズで始まる詩がある。その詩に次の句がある。

古墓《こぼ》　犂《す》かれて田《た》と為《な》り
松柏《しょうはく》　摧《くだ》かれて薪《たきぎ》と為《な》る

古墓犂為田
松柏摧為薪

古い墓が耕されて畑になり、墓のそばに植えられていた松や柏は砕かれてたきぎとなった。墓もできた当初は死者を悼んで大切にされていたことだろう。永遠に変わらぬ思いを込めて植えた松柏の木であったはずだ。それが今や姿を消している。まさに「去る者は日に以て疎し」、死んだ者は日に日に忘れられてしまうことを物語っているというのである。

この詩では砕かれることになったけれど、永く続くという意味のめでたい語として松柏は用いられる。「松柏の寿」とは長寿、「松柏の茂《しげり》」は永く栄えることである。偓佺《あくせん》という仙人がいて、いつも松の実を食べていた。その実を食べた人は二、三百歳まで生きたという（『列仙伝』）。わが役行《えんのぎょう》者《じゃ》も松の葉を食べていたという（『日本霊異記』）。松のいつまでも枯れないイメージがパワーアップしたといえよう。

昨今、山中で、あるいは浜辺で赤く枯れた松を見ることが多くなった。寂しい風景である。

【蘭】らん

大阪の古い名門女学校の同窓会は金蘭会といい、その後身である府立大手前高校同窓会にもその名が受け継がれている。また、その同窓会をルーツとする、金蘭会および金蘭の名を冠する中学から大学までが存在している。この「金蘭」の語は、『易経』繫辞伝の次のことばに由来する。

二人《ににん》心《こころ》を同《おな》じくすれば、其《そ》の利《り》なること金《きん》を断《だん》ず。心《こころ》を同《おな》じくするの言《げん》、其《そ》の臭《かをり》は蘭《らん》のごとし。

（二人の心が通い合って同じになれば、金属を断ち切るほどの強さを持つ。心を通い合わせた者どうしのことばは、蘭のように芳しい香りを放つ。）

そこで、固く結ばれた芳しい友情を「金蘭之契《きんらんのちぎり》」「金蘭之交《きんらんのまじわり》」というようになった。「蘭契」「蘭交」ともいい、良い友を「蘭客」ともいう。

空海が最澄に宛てた書状（「風信帖」）の第一通には末尾の宛名が「東嶺金蘭」と書いてある。東の山に住む親しい友という意味で、もちろん最澄を指す。文中にも「我金蘭」とある。このように金蘭を友人そのものの意味で用いる例は空海以外には見かけないように思う。

蘭というと、現代では華やかな西洋種の蘭を思い浮かべるが、東洋種の蘭の花は地味で目立たない。中国では古くから蘭はその香りを愛でるものであった。漢の武帝の作と伝えられる「秋風歌」には次の句がある。

蘭《らん》に秀《しゅう》有《あ》り　菊《きく》に芳《ほう》有《あ》り　　蘭有秀兮菊有芳
佳人《かじん》を懐《おも》ひて　忘《わす》るる能《あた》はず　　懐佳人兮不能忘

蘭にならんで菊もまた、この時代では香りを楽しむもの。そしてどちらも佳人を想起させるものであった。蘭はその香りのよさから、美しいものや立派なもののたとえに用いられる。特に人格の優れたようすをあらわすことが多い。「蘭桂」は蘭や桂がともによい香りであることから、立派な人格や人望にたとえられる。四字にした「蘭薫桂馥《らんくんけいふく》」は互文で、蘭や桂の薫り高く馥郁《ふくいく》たるさまをいい、子弟の優秀さや子孫の繁栄を讃えることばとしても使われた。「蘭芳」「蘭薫」は美徳のたとえに用いられ、「蘭石」は、蘭のように芳しく石のように固いということから、人の天性の立派さのたとえに用いられた。

我が国で「蘭学」といえば、オランダ語で学んだ西洋の学問を指す。オランダの音訳である阿蘭陀（和蘭とも書く）から来ていることはいうまでもない。江戸中期、享保年間（一七一六〜一七三六）に幕府の書物奉行青木昆陽《あおきこんよう》がオランダ語の書物を訳読したのに始まるとされる。

【菊】きく

桜は音がオウで訓がサクラ、桃は音がトウで訓がモモ。ところが菊は音がキクで訓はない。ひとすくいという意味の「一掬」は「いっきく」と読む。「匊」がキクという音符なのである。訓がないということは日本語になかったということである。菊は中国原産で、日本には奈良時代以降に渡来したといわれる。

中国では古くは菊は香りをめでるもの、そして長寿の薬として愛用された。日本でも観賞用として品種改良が進んだのは江戸時代まで降《くだ》る。

菊華（花）酒というものがある。菊の咲く季節にその茎や葉を黍《きび》に混ぜて醸《かも》し、翌年の九月九日重陽《ちょうよう》の節句に飲むということが、前漢の雑事を記した『西京雑記《せいきょうざっき》』に書かれている。この酒を飲むと長寿を得られるとされた。

実際に菊花酒を醸造するまでもなく、重陽の節句、あるいは菊の咲く季節になると、酒杯に菊花を浮かべて飲むことは広く行われたと思われる。陶淵明《とうえんめい》（陶潜《とうせん》）の有名な「飲酒」の詩に次の句がある。

菊《きく》を采《と》る東籬《とうり》の下《もと》　悠然《ゆうぜん》として南山《なんざん》を見る　　采菊東籬下　悠然見南山
山気《さんき》　日夕《にっせき》に佳《よ》く　飛鳥《ひちょう》　相与《あひとも》に還《かへ》る　　山気日夕佳　飛鳥相与還

秋の夕暮れ、閑居する陶淵明は家の東のまがきのもとで菊の花を採る。そしてゆったりと南山を見上げる。美しい夕べの山の気配の中を鳥たちが帰って行く。おそらくこの夜、陶淵明は摘んだ菊花を杯の酒に浮かべ、その香りを楽しみながら飲んだことであろう。

陶淵明はこの詩のおかげで、菊好きとして知られるようになった。北宋の周敦頤《しゅうとんい》（濂渓《れんけい》）の「愛蓮説」の冒頭には次のように書かれている。

水陸草花《すいりくそうか》の花《はな》、愛《あい》すべき者甚《ものはなは》だ蕃《おほ》し。晋《しん》の陶淵明《とうえんめい》は独《ひと》り菊《きく》を愛《あい》す。

濂渓先生は、唐代以降世間で牡丹が好まれるが、私は蓮を愛する、菊を愛するというのは陶淵明以後ほとんど聞かないと述べる。菊が鑑賞の対象になるような花ではなかったということでもあろう。

清代の志怪《しかい》小説集『聊斎志異《りょうさいしい》』に「黄英《おうえい》」と題した話がある。この頃は菊も改良されて観賞用として多くの品種があったらしく、菊愛好家が主人公である。主人公が菊の苗を求めての旅の帰途に姉弟の二人連れと知り合う。菊に詳しい弟と意気投合し、また姉の美しさにも惹かれて家に招く。この二人は実は菊の精であって、姓は陶、弟の名は三郎、姉の名は黄英（黄色い花の意）であり、陶淵明の子孫であるという。「菊好き」の陶淵明はとうとう子孫が菊の精になってしまったのである。三郎は淵明譲りの酒好きで、酔って正体を現してしまう。この話は太宰治が「清貧譚《せいひんたん》」という題で翻案し、江戸時代に舞台を移した。姉弟の姓は陶本になっている。

【蓬】ほう／よもぎ

春先にヨモギの若葉を採ってきて、さっと湯がいて冷凍しておいたのを、年末の餅つきで餅米に混ぜてつく。そうして作った草餅がよほどおいしかったのだろう、翌春に息子が学校帰りに毎日、ヨモギをランドセルいっぱいに摘んできたことを思い出す。

ヨモギの成長した葉はお灸のモグサとなる。小さな円錐形にしたモグサを母の肩に置き線香で火をつけるのが、子供の頃の私の日課だった。お灸とはいわず、「やいと」といった。「焼処《やきと》」の音便であるらしい（『広辞苑』）。

蓬は曲がりくねって生える。

蓬《ほう》麻《ま》中《ちゅう》に生ずれば、扶《たす》けずして直《なお》し。（『荀子《じゅんし》』勧学《かんがく》篇）

これは、曲がりくねった蓬もまっすぐに生える麻の中に生えると支えなくても直立するように、善人と交われば自ずからよい人になるという意味である。ねじれ乱れて生えていることから、「蓬《ほう》心《しん》」はねじれた心、「蓬髪《ほうはつ》」は乱れた髪をいう。

蓬はさすらうという意味で用いられることもある。蓬は枯れると風に吹かれて転がっていくというのに基づく。これについて角川『新字源』では「蓬転《ほうてん》」の項で次のように説明する。

蓬は一般によもぎと解されているが、現代の植物学の説では、砂地にはえ、風がふくと根のままぬけてころがり飛ぶ植物で、あざみ科に属するらしい。

「蓬転」は蓬が風に吹かれて飛んでいくように、所を定めずにあちこちと移ることをいう。この情景は日本人にはなじみがないが、空海の『三教指帰《さんごうしいき》』巻下に次の対句がある。

萍《へい》のごとく諸州《しょしゅう》に遊《あそ》び、蓬《ほう》のごとく異境《いきょう》を転《てん》ず。

蓬に対応している萍は浮き草のことである。空海は中国の書物から「蓬転《ほうてん》」の語を知識として得ていたのであって、実見に基づくのではないと思われる。

ウェスタンソングの歌詞に tumbleweed ということばが出てくる。これは、秋になると根本から折れて球状になって風で野原を転がる草をいう（『リーダース英和辞典』）。西部劇のシーンでもおなじみであるが、蓬はこれと同類なのであろう。荒野を転がっていく枯れ草。あてどなくさすらう旅人は、洋の東西を問わず、我が身をこれに擬《なぞら》えるのだ。

【桃】もも

桃の節句といえば三月三日であるが、今の暦ではまだ桃の花は咲かない。旧暦の三月三日ならば、まさに桃の花の真っ盛りである。

日本で花見といえば桜であるが、中国でそれに相当するのは桃やスモモ（李）の花を見ることであった。唐の李白にも「春夜、桃李の園に宴するの序」という一文があり、冒頭の「夫《そ》れ天地《てんち》は万物《ばんぶつ》の逆旅《げきりょ》にして、光陰《こういん》は百代《ひゃくだい》の過客《かかく》なり」は、芭蕉の『奥の細道』に引かれていることで有名である。満開の花を眺めると、自ずから人生を思うのは古今東西変わりない。「浮生《ふせい》は夢《ゆめ》のごとし、歓《よろこ》びを為《な》すこと幾何《いくばく》ぞ。」

桃は実もおいしい。『史記』李将軍列伝の賛に「諺《ことわざ》に曰《い》はく」として次のことばが出てくる。

桃李《とうり》　言《ものい》はざれども、下《した》に自《おの》ずから蹊《こみち》を成《な》す。

桃やスモモは何も言わないが、花が美しく実もおいしいから人が集まり、その木の下には自然に道ができる。徳のある人のもとには、何も言わなくても自然に人が集まってくるというたとえである。これに由来する「成蹊《せいけい》」という名の学校が関東と関西にある。

桃は花があでやかで愛らしく、実がおいしく、葉もよく繁る。古くは『詩経』にても歌われた（周南桃夭）。

桃《もも》の夭夭《ようよう》たる　灼灼《しゃくしゃく》たり其《そ》の華《はな》　桃之夭夭　灼灼其華
之《こ》の子《こ》于《ゆ》き帰《とつ》ぐ　其の室家《しつか》に宜《よろ》しからん　之子于帰　宜其室家
桃《もも》の夭夭《ようよう》たる　蕡《ふん》たる有《あ》り其《そ》の実《み》　桃之夭夭　有蕡其実
之《こ》の子《こ》于《ゆ》き帰《とつ》ぐ　其《そ》の家室《かしつ》に宜《よろ》しからん　之子于帰　宜其家室
桃《もも》の夭夭《ようよう》たる　其《そ》の葉《は》蓁蓁《しんしん》たり　桃之夭夭　其葉蓁蓁
之《こ》の子《こ》于《ゆ》き帰《とつ》ぐ　其《そ》の家人《かじん》に宜《よろ》しからん　之子于帰　宜其家人

この詩では嫁いでいく娘の愛らしさを桃の花に、子宝を桃の実に、子孫繁栄を桃の繁る葉にたとえている。

桃はさらに枝にも役目があって、厄除けの効力があると見られていた。平安時代の宮中の年中行事、追儺《ついな》では桃の弓が用いられた。『広辞苑』では次のように記す。

大晦日の夜、悪鬼を払い疫病を除く儀式。舎人《とねり》の鬼に扮装した者を、内裏の四門をめぐって追い回す。大舎人長が鬼を払う方相氏《ほうそうし》の役をつとめ、黄金四つ目の仮面をかぶり、黒衣朱裳を着し、手に矛・楯を執った。これを大儺《たいな》といい、紺の布衣に緋の抹額《まっこう》を着けて大儺に従って駆けまわる童子を小儺《しょうな》とよぶ。殿上人は桃の弓、葦の矢で鬼を射る。古く中国に始まり、日本には八世紀初め頃、文武天皇の時に伝わったといわれ、社寺・民間にも行われた。近世、民間では節分の行事となる。

ここに出てくる方相氏は、『周礼《しゅらい》』夏官を典拠とする。

方相氏《ほうそうし》は熊皮《ゆうひ》を蒙《かうむ》り、黄金四目《おうごんしもく》、玄衣朱裳《げんいしゅしょう》し、戈《ほこ》を執《と》り盾《たて》を揚《あ》げ、百隷《ひゃくれい》を帥《ひき》ゐて時《とき》に難《なん》じ、以《もっ》て室《しつ》を索《もと》めて疫《えき》を敺《く》するを掌《つかさど》る。

このとき、また「賓客《ひんきゃく》、饗食《きょうしょく》賓射《ひんしゃ》す」とあるが、桃の弓と葦の矢で鬼を射るとは書いていない。

一方、『春秋左氏伝《しゅんじゅうさしでん》』昭公四年に次の記述がある。

其《そ》のこれを出《い》づるや、桃《もも》の弧《こ》、棘《とげ》の矢《や》、以《もっ》て其《そ》の災《わざわひ》を除《のぞ》く。

これについて孔穎達《くえいたつ》の『五経正義』では服虔《ふくけん》の「桃《もも》は凶《きょう》を逃《のが》るる所以《ゆゑん》なり」ということばを引いている。

つまり、桃は「逃」に通じて「のがれる」という意味があるのである。桃の木に厄除けの働きがあるというのは、どうやらここに由来するらしい。追儺の桃の弓も、厄から逃れるためであった。中国の西方、崑崙山《こんろんさん》には蟠桃《ばんとう》という桃の木があり、三千年に一度開花し実を結び、これを食べると長寿が得られるという。西王母《さいおうぼ》という仙女がその木を守っているとされた。この伝説から、桃には仙界のイメージが加わった。

理想郷という意味の「桃源郷」は、東晋の陶淵明（陶潜）の「桃花源記」に基づくが、桃の花のあでやかな色とともに仙界のイメージを抜きにしては生まれなかっただろう。

この蟠桃を号に用いたのが、江戸時代後期の大坂の町人学者山片蟠桃《やまがたばんとう》であった。本姓は長谷川、店での名は小右衛門という升屋の大番頭は、主家に対する功績から親戚並みの扱いを受けることになり、山片芳秀を名乗った。彼は『宰我《さいが》ノ償《つぐない》』を書いて「山片蟠桃」と署名したが、のち稿を改め『夢《ゆめ》ノ代《しろ》』と改題した著作には「山片芳秀」と署名した。したがって「山片蟠桃」は一度きりのペンネームであった。後世、この名で有名になるとは思いもしなかったであろう。迷信を嫌い、伝説・伝承を否定した彼であったから、番頭を蟠桃と言い換えたたった一度のネーミングを後悔していることであろう。

【杏林】きょうりん

医科大学や病院、製薬会社、薬局など、医薬関係の団体名に「杏林《きょうりん》」が冠されているものが多い。この由来はよく知られている。三国時代の呉の董奉《とうほう》が無料で治療するかわりに、重症者に五本、軽症者に一本の杏《あんず》を植えさせたところ、数年で杏の林ができたという故事に基づいて、杏林が名医を指すことになったのである。ちなみに、杏を植えさせたのは、その核の中の肉すなわち杏仁が薬になるからであろう。この話の出典は『神仙伝』にある。ということは名医董奉は神仙（仙人）なのである。あらましを紹介しよう。

董奉は何十年たっても姿形が変わらなかった。毒死した交州刺史（長官）杜燮《としょう》を蘇らせたことで歓待された。あらかじめ棺を作らせて死んだが、埋葬した棺を七日後に開けると姿はなかった。のちに廬山《ろざん》に住み、皮膚病で死にかけていた人を救った。また、旱魃《かんばつ》に雨を降らせた。毎日、病人の治療をし薬代は取らず、治ったものに杏の木を植えさせたら数年で十万本の林になった。さまざまな鳥獣をその中で遊ばせたから草が生えなかった。杏の実がたくさん実ると、「杏が欲しいものは穀類一杯分を置いて、同量の実を持っていくように」と書いておいた。穀類を少量置いて杏を多く持って行く者があると、虎の群れが出てきて吼えた。逃げるときに杏を取り落とし、家に帰って調べてみると穀類の量と同じになっていた。また、杏を盗んだものは虎にかみ殺され、家族が実を返して詫びると、生き返らせた。董奉は毎年杏の実を売って穀類を買い、貧民に施した。県令の娘が魔物に取り憑かれていたのを救い、これを妻とした。子どもができないので養女を迎えた。この子が十余歳のとき、董奉は雲の中に飛び上がって去った。妻と娘はあんずを売って生活し、これを欺くものは虎が追い払った。董奉が人間界にいたのは三百年であった。

『芸文類聚《げいもんるいじゅう》』は、唐代初期に作られた類書《るいしょ》である。類書とは、さまざまな項目に分けて並べられたことばについて文献上の用例をあげた、一種の百科事典的な書物をいう。『芸文類聚』巻八七菓部に「杏」があり、以下の文章があげてある（ちなみに菓とは果物、木の実の意である）。

神仙伝《しんせんでん》曰《い》はく、董奉《とうほう》盧山《ろざん》に居《を》り、治病《ちびょう》を為《な》す。重《おも》き者《もの》は杏《あんず》五株《ごかぶ》を種《う》ゑ、軽《かる》き者《もの》は一株《ひとかぶ》なり。林中《りんちゅう》の所在《しょざい》に於《お》いて、箪食《たんしょく》一器《いっき》を是《こ》れ一穀《いっこく》に換《か》ふ。少《すく》なき者《もの》は虎《とら》これを逐《お》ふ。乃《すなは》ち穀《こく》を以《もっ》て貧窮《ひんきゅう》に賑《あた》ふ。董仙杏林《とうせんきょうりん》と号《ごう》す、と。

「神仙伝曰」とあるものの、『神仙伝』本文とはかなり文章が異なり、要約するだけでなく、本文にはない「号董仙杏林」という語句が加わっている。おそらく中国でも『神仙伝』の本文をすべて読んだ人は多くはなく、董奉のエピソードは『芸文類聚』などの類書で読んでいたであろう。本文にない「杏林」が名医を指すことばとして知れ渡ったのは、この『芸文類聚』によるといえるかもしれない。
『芸文類聚』は日本の奈良平安期によく用いられた書物であった。この時代、中国渡来の書物が増加したとはいえ限りがあり、またそれを目にする機会もきわめて限られていた。そこで、この頃の文章に引用された漢籍の語句は、『芸文類聚』をはじめとする類書から孫引きすることが多かったのである。だから、たとえば誰かの文に「神仙伝曰、董仙杏林」とあっても、『神仙伝』にはこのことばはないわけで、そうした場合、類書の介在が考えられる。もちろん、『神仙伝』と同文の引用でも類書の孫引きの可能性があることを忘れてはならない。

董奉は、『蒙求《もうぎゅう》』では「董奉活燮《とうほうかつしょう》」という標題で取り上げられ、『神仙伝』にも記されている交州刺史の杜燮を蘇生させた話が紹介されている。杜燮は『三国志』巻四九「呉書」四に士燮《ししょう》として列伝されている実在人物である。「呉書」の注には『神仙伝』を引いて、「仙人董奉」が病死して三日後の燮に薬を与え頭を揺さぶって治したとある。

『蒙求』では「扁鵲《へんじゃく》起《き》虢《かく》」と対になっていて、戦国時代の伝説的名医扁鵲《へんじゃく》が、亡くなった虢《かく》の太子を蘇らせた話と並べてある。話は『神仙伝』をほぼ写す形で杏林のエピソードも紹介しているが、「民間僅百年《みんかんわずかにひゃくねん》」とあって、『神仙伝』の三百年と異なっている。ともあれ、董奉は病死者を蘇生させた名医として扁鵲と並んで有名だったのであり、「杏林」の語が目立った扱いを受けてはいない。

【秋】あき

日本語の「あき」の語源には諸説があるそうだが、筆者は「あく」から来たという説に納得している。「あく」は充分で満足すること。そこから、もうそれ以上はいやだという意味ができた。江戸後期頃から使われ出したという「あきる」では、いやになるの意味だけになっている。この「あく」は漢字では飽の字が当てられる。農耕社会において最も大切なのは穀物の収穫であり、収穫が満ち足りる季節、それが「あき」である。漢字の秋にはちゃんとイネ科植物を表わす禾がついている。

春夏秋冬のうち、種を植える季節「春」と収穫の季節「秋」をならべた「春秋」は歳月の意味になり、「幾春秋」「春秋に富む」などと用いる。この「春秋に富む」は、まだ歳月が多く残るということで、若いの意。そこから、将来性がある、経験不足、とプラスマイナス両面で用いられる。筆者も昔「春秋に富んでいる」といわれ、ほめられたつもりでいたが、それこそ「春秋に富む」証しであって、後年になってどうも後者のほうらしいと気づいたのであった。

さらに「秋」だけで歳月を意味することもある。「千秋」は千年のこと。「一日千秋《いちじつせんしゅう》の思い」とは一日が千年もの長さに感じるほど待ち遠しい思いをいう。

「千秋万歳《せんしゅうばんざい》」は千年万年という意味で、長寿を祝うことばでもある。後半の「万歳」はめでたいときの呼び声としておなじみである。日本では、年の初めにめでたいことを滑稽な掛け合いで演ずる芸能が各地にあって「千秋万歳」とか、地名を冠して「〇〇万歳」と呼ばれた。この「まんざい」が現代の「漫才」のルーツである。

この「千秋万歳」には別の使い方がある。皇帝が年老いた。今後のことを重臣たちが相談をする。その際、「今上《きんじょう》がお亡くなりになったあとは」などと縁起でもないことは口が裂けてもいえない。そういうときに「千秋万歳の後は」というのである。帝には長生きしてもらいたい、しかしいくら長寿であっても千年万年の後はもうお亡くなりになっているのであるから、そのときはどうしましょう、というふうにいうのならかまわない。つまり、「千秋万歳の後」とは（まだ生きておられる高貴な方の）死後という意味になる。我が家では愚息が「母上の千秋万歳の後は」と使っている。確かにいわれたほうも気分がいい。

また、「秋」には「たいせつな時」の意味もあって、「国家存亡の秋」などと使う。この場合の「秋」は「とき」と読む。決して秋《あき》に国が滅ぶのではない。

【夢】む・ぼう／ゆめ

夢の字を「む」と読むのは呉音、漢音では「ぼう」と読む。ただし、『大漢和辞典』にある熟語のうち、「ぼう」と読むのは「夢夢《ぼうぼう》」しかない。『詩経』大雅《たいが》の抑《よく》に由来するこの語は、みだれたさま、暗いさま、はっきりしないさまをいう。

夢という字を作っている上の部分も下の「夕」も、いずれも暗いという意味を表す。「夕」は夕方の夕であり、夜の中にも入っている。したがって、夢は、暗いとか明らかでないという意味で、そこから、眠っている間に見る「ゆめ」や、実在しないはかない「ゆめ」の意味にも使われるようになった。前者の夢の対語は「覚」であり、後者の夢の対語は「現」である。通じて夢と同義的な語は「幻」である。はっきりしないことであるから、迷いという意味もあり「迷夢」という語もある。

誰も自分の子供にまぼろしや迷いという意味の名前をつけない。だから、「夢」の字がつく名前はほとんど見られなかったのだ。ところが、最近は大夢・広夢や童夢なんて名もある。将来の希望や願望を「夢」というようになったからである。卒業式に、真ん中に「夢」と書いて寄せ書きをするというのもありそうなシーンである。「夢」は幻であると思えばおかしな話である。

いつ頃から「夢」の意味が変わったのだろうか。『広辞苑』には「ゆめ」は「寝目《イメ》」の転とした上で、次の四つの意味を上げている。

①睡眠中にもつ幻覚。

②はかない、頼みがたいもののたとえ。夢幻。

③空想的な願望。心のまよい。

④将来実現したい願い。理想。

①から③までは漢字の「夢」の意味と重なる。現代中国語の「夢」の意味も①~③とほぼ同じ。『日本国語大辞典』では、おおむね上の①~④と同じで、さらに、「現実のきびしさから隔絶した甘い環境や雰囲気」が加わる。

要するに、将来実現したい願望という意味は、日本で比較的最近加わった意味といえるのであろう。

ところで、英語の dream の意味には、「(睡眠中の)夢」、「夢うつつの(状態)」以外に、「~したいという夢」、「夢のようにすばらしいもの」というのがあって、「はかない望み」もあるけれど、おおむね夢を肯定的に明るく受け止めている。日本語の「夢」の字義には、英語の dream の翻訳受容が影響を与えたと考えることができるのではないだろうか。

最近、北京で行われたシンポジウムでの中国語の挨拶に、「来年開催の夢に向かって」というようなことがいわれていた。中国でも、「夢」が願望の意味で用いられているのである。これは日本語の「夢」の用例からきたものか、英語の dream の中国版普及と見るべきか。これには今後も注意して見ていきたい。

【白日】はくじつ

幼児が太陽を画《えが》く時は、赤く塗りつぶした丸をかく。幼児に限らないだろう。日本人なら、ほとんどすべての人が、太陽と聞けば赤い丸しか思い浮かばないのではないだろうか。国旗の白地に描かれた赤の丸を日の丸といい、ご飯に梅干しの弁当を日の丸弁当という。

しかし、実際に太陽が赤いのは朝日と夕日だけで、昼間は光り輝いていて、色は見えない。世界中の人に太陽を描けといえば、どういう太陽が画かれるだろうか。

漢語には「赤日」と「白日」がある。前者は日本語でいう真っ赤な太陽であるが、使用例は余りない。後者は白く輝く太陽で、こちらの語は使用例が多い。

聖製の途に華嶽を経るに
和するを奉ず　張説《ちょうえつ》

西嶽《せいがく》　皇京《こうけい》を鎮《ちん》し
中峯《ちゅうほう》　太清《たいせい》に入る
玉鑾《ぎょくらん》　重嶺応《おう》じ
緹騎《ていき》　薄雲迎《むか》ふ

奉和聖製途経華嶽
西嶽鎮皇京
中峯入太清
玉鑾重嶺応
緹騎薄雲迎

白日　高掌《こうしょう》に懸《かか》り
寒空　削成《さくせい》に映ず

白日懸高掌
寒空映削成（以下略）

「白日」には昼間という意味もあり、その用例も多い。

道院　　王周

白日　人の到ること稀に
簾垂《れんた》れて道院深し

道院
白日人稀到
簾垂道院深（以下略）

さらに「白日」には夕日、落日という意味もある。

鸛鵲楼《かんじゃくろう》に登る　　王之渙《おうしかん》

白日　山に依《よ》りて尽《つ》き
黄河　海に入《い》りて流《なが》る
千里《せんり》の目を窮《きは》めんと欲《ほっ》し
更《さら》に登る　一層《いっそう》の楼《ろう》

登鸛鵲楼
白日依山尽
黄河入海流
欲窮千里目
更上一層楼

「白」には、まじりけのない清らかなという意味がある。「晴天白日」という語は、よく晴れた天候というほかに、心中に包み隠すことのないことをいう。無罪であることが明らかになることを「晴天白日の身となる」という。

ちなみに、まじりけのないという「白」の用例として「白水」がある。これはよく澄んだ水のことで、白濁した水ではない。

友人を送る　李白
青山《せいざん》　北郭《ほくかく》に横たはり
白水　東城《とうじょう》を遶《めぐ》る
此《こ》の地《ち》　一《ひと》たび別れを為《な》し
孤蓬《こほう》　万里《ばんり》に征《ゆ》く
浮雲《ふうん》　游子《ゆうし》の意《い》
落日《らくじつ》　故人《こじん》の情
手を揮《ふる》ひて　茲《ここ》より去れば
蕭蕭《しょうしょう》として　班馬《はんば》鳴く

送友人
青山横北郭
白水遶東城
此地一為別
孤蓬万里征
浮雲游子意
落日故人情
揮手自茲去
蕭蕭班馬鳴

この詩は漢文の試験問題にはぴったりである。「郭」「白水」「城」「孤蓬」「游子」「故人」のそれぞれの意味を書きなさい。いかがだろうか。

【玉】ぎょく／たま

玉は「たま」と訓ずるが「球」ではない。つまり「たま」というからといって球体を思い浮かべてはならないのである。玉は宝石や美しい石の総称である。「玉石混交」は美しい宝石とただの石ころが混ざっていること、すなわち善悪が入り交じっていることをいう。

玉はさまざまな形に加工される。中には球体になるものもあるだろうが、平たい円盤状のものも多い。真ん中に穴が空いていて、その穴の直径が周りの輪の幅の半分のものを「璧《へき》」という。きず一つない璧を完璧といい、同じくらいに立派な二つのものを双璧という。これより穴の大きなものは「環」と呼ぶ。

戦国時代、趙の恵文王が持っていた璧を「連城の璧」という。秦の昭王が十五城と交換しようとしたことからついた名である。

項羽と劉邦が会見した有名な「鴻門の会」で、范増が腰につけた「玦《けつ》」を挙げて、項羽に示すシーンがある。玦は璧の輪の一箇所が欠けた形をしていて、缺（欠）に通じるため、玦と書く。このシーンでは玦を決意の「決」にかけて、劉邦を撃つ決断を迫ったのであった。

「珪」は「圭」とも書き、平たくて上部が屋根型にとがった形の玉をいう。天子が諸侯を封ずるときに授けるもので、諸侯の身分証明書のようなものであった。先端がとがっているため、「圭角」とは角張った性格や態度をいい、江戸時代の儒学者山崎闇斎は「圭角の人」として知られていた。

玉はまたさまざまな細工を施した工芸品にも仕上げられる。中国の社会科学院蔵の「玉鳳」は前一四世紀~前一一世紀のもの。穴にひもを通して首からかけたのだろうか。どうみても手塚治虫の「火の鳥」である。一九七六年に河南省の古代の墓から発見された。

台北の故宮博物院には清代に作られた翡翠《ひすい》の「玉白菜」がある。この「玉白菜」は台湾の人には大変な人気で、いつも人だかり。ミュージアムショップでも「白菜くん」グッズが並んでいる。台湾で故宮博物院に行ったというと、現地の人に必ずといっていいほど「白菜は見たか」と聞かれるほどである。

台北の故宮博物院には球形の玉の彫り物もあって、これも人気が高い。何重にも重なった球形がそれぞれ動くもので、上から彫っていってこんなことができるとはとても思えない。

年中行事・故事由来のことば

【七夕】しちせき・たなばた

天の川をはさむ牽牛星《けんぎゅうせい》と織女星《しょくじょせい》についての伝説は中国ではずいぶん古くからあったようで、前五世紀頃には成立していた『詩経』にすでに見られる（小雅・大東）。また後漢時代の「古詩十九首」の中にある次の詩もこの伝説を有名にした。河漢《かかん》とは天の川のこと。

第十首
迢迢《ちょうちょう》たる牽牛星《けんぎゅうせい》
皎皎《こうこう》たる河漢《かかん》の女《むすめ》
繊繊《せんせん》と素手《そしゅ》を擢《ぬき》んで
札札《さつさつ》と機杼《きじょ》を弄《もてあそ》ぶ
終日《しゅうじつ》　章《しょう》を成《な》さず
泣涕《きゅうてい》零《お》ちて雨《あめ》のごとし
河漢《かかん》は清《きよ》く且《か》つ浅《あさ》し

第十首
迢迢牽牛星
皎皎河漢女
繊繊擢素手
札札弄機杼
終日不成章
泣涕零如雨
河漢清且浅

相去《あひさ》ること復《ま》た幾許《いくばく》ぞ　　相去復幾許
盈盈《えいえい》たる一水《いっすい》の間《かん》　　盈盈一水間
脈脈《みゃくみゃく》として語《かた》るを得《え》ず　　脈脈不得語

その後、次第に物語として完成し、織女は天帝の孫で雲錦を織っていたが、天の川の西側に住む牛郎に嫁いでからは仕事を中断してしまったので、怒った天帝によって牛郎との仲を割かれ毎年七月七日だけ会うことを許された、ということになった。また、鵲《かささぎ》が翼をならべて二人を結ぶ橋を作ったという話も付け加えられた。

一方、女たちが織物の巧みな織女に糸や針や果物を捧げて裁縫などの技芸の上達を祈る風習ができた。これを乞巧奠《きっこうでん》（巧みになることを乞うまつり）という。唐・宋時代にはこの風習が特に盛んに行われたという。「七夕まつり」のルーツである。

牽牛と織女の物語は日本には奈良時代に伝わったが、日本の古代からの棚機女《たなばたつめ》の信仰と混じり合うことになった。棚機女とは、神の嫁として選ばれて神の訪れを待ちながら神のために棚機《たなばた》（横板のついた織機）で布を織る処女をいう。平安中期の『源氏物語』では棚機女を表す「たなばた」がすでに織女星の意味で使われていることから、中国伝来の物語が浸透していたことがわかる。「七夕」を「たなばた」と読むようになった経緯は以上の通りである。ちなみに「機」は字の中に

「糸」が二つ並んでいることからもわかるように、本来「はた織り道具」の意味で、そこから「からくり」や「仕掛け」の意味に用いるようになったのである。

宮中の年中行事となった七夕は、初期には七月七日に相撲をしたり七夕の詩歌を読む習わしがあった。古くは『万葉集』に山上憶良《やまのうえのおくら》や柿本人麻呂《かきのもとのひとまろ》などの手になる多数の七夕の歌が収録されているが、これ以後も男女の逢瀬をもの悲しく詠う題材として好まれた。やがて、七夕は乞巧奠、すなわち女たちが技芸上達を願うまつりが中心となっていった。

鎌倉・室町時代になると、朝廷や貴族のみならず武家でも年中行事となった。南北朝時代には「七遊」といって、七百首の詩歌、七調子の管弦、七百の毬、七十献の酒など、七にちなんだ遊びをすることが流行したという。江戸時代には一般庶民の間でも七夕が行われ、笹竹に短冊や色紙をつけるまつりとなっていった。本来は女たちの手仕事の上達を祈願した短冊も、今ではさまざまな願いごとを書くものになっている。

とはいえ、笹竹がスーパーでしか入手できず、終わったあとは筆者の子供時代は川に流したものだが、今ではそうもいかない。季節の遊びとして今様の「七遊」を試みるのも一興かもしれない。「七夕」を題に俳句を作り（漢詩とまではいわない）、七種の酒に七種の肴、セブンブリッジや七ならべのトランプゲームなどなど。いかがだろうか。

【更衣】こうい／ころもがえ

衣服を着替えることを更衣という。日中と夜間、寒暖や立場に応じた着替えすべてをいう。賓客が休息して衣服を替える部屋のことを更衣といった例が『漢書』東方朔伝《とうほうさくでん》に見える。また、厠《かわや》に行くときに衣服を改めたことから、厠を更衣之室といった例もある（『論衡』四諱《しい》）。

日本では、「こうい」と読めば更衣室などの語もあるように単なる着替えをいうが、「ころもがえ」と読めば季節によって衣服を替えることとして浸透している。宮中のしきたりにのっとり、四月一日から袷《あわせ》、六月一日から単衣《ひとえ》、十月一日から袷というのが基本的な更衣である。本来は旧暦でのしきたりであったが、明治政府は簡略化して新暦の六月一日と十月一日を更衣の日とした。この更衣は制服を着用する職種や学校ではまだ生きている。

「四月一日」あるいは「四月朔日」と書いて「わたぬき」と読む姓がある。昔の風習では、冬は防寒用に表地と裏地の間に綿を入れて仕立てた着物を着ていた。その綿を外して仕立て替えて、春用の袷にしたものを四月一日から着用する。それに由来する姓である。

小説家の山崎豊子さんは大阪船場の老舗の生まれで、船場のしきたりに詳しいことはこの地を舞台にした小説からよくうかがえる。山崎さんの「更衣」と題したエッセイの一部を紹介しよう（『主婦の友』一九五七年七月号掲載。『きものの花咲くころ』二〇〇六年主婦の友社刊、再録)。

大阪の商家では、昔から季節の変わり目ごとに、きちんと更衣《ころもがえ》が実行されていた。たとえば、四月一日からは男女ともに一斉に袷着《あわせぎ》になり、袷長襦袢、袷羽織を着用する。六月一日からは単衣《ひとえ》、単衣襦袢と単衣羽織を用い、菖蒲節句から帷子《かたびら》、麻長襦袢、絽《ろ》羽織になり、浴衣《ゆかた》は六月十五日から、七月一日から薄物、絽長襦袢、紗《しゃ》の羽織、九月一日から単衣、十月から袷、十一月から綿入れといった具合に、更衣のしきたりが細分されている。もしこの更衣のしきたりを間違ったら、もの知らずと笑われるのが常であったから、たとえ気候の異変で温寒にくるいがあっても、きちんと守られたものである。

これほど細かく更衣のしきたりが守られていたことに驚く。これを守れずに離縁された女性もいたと山崎さんは書いている。菖蒲節句は五月五日だが、おそらく節句は旧暦で行っていたのであろう。微妙な季節の移ろいを感じる日本人の美意識を背景に発達した豊かな着物文化と、それを支える富裕層の財力があってこそのものである。

しかし、本来季節に応じた更衣であるはずなのに、しきたりが重視されたため、実際の気温とは食いちがいができても我慢しなければならないというのはおかしなことである。船場の商家のこの風習は、少なくとも山崎豊子さんの娘時代までは生き残っていた。おそらく新暦を用いていたのであろうが、そうとしてもかなり気温が高くなっても綿入れを着たり、梅雨入り前の蒸し暑い中に袷を着なければならないこともあっただろう。

「更衣《こうい》」はまた平安時代の女官の官職名でもある。天皇の衣を替えることをつかさどったところからつけられた。『源氏物語』桐壺の冒頭、「いづれの御時《おほんとき》か、女御《にょうご》・更衣《こうい》あまたさぶらひ給《たま》ひけるなかに」の「更衣」である。

【干支】かんし・えと

干支とは十干（甲乙丙丁戊己庚辛壬癸）と十二支（子丑寅卯辰巳午未申酉戌亥）の組み合わせをいい、六〇通りの順序を示すものである。古代中国殷《いん》王朝ではすでに暦の日付けを甲子、乙丑というように表していた。六〇日で一周するので、太陰暦ではちょうど二ヶ月分になる。

戦国時代には五行（木火土金水）に十干を当てはめるようになった。つまり、木には甲と乙、火には丙と丁が当たる。これら二つの前が陽、後が陰になる。日本でもこれを受けて、木の陽である甲を「きのえ」、木の陰である乙を「きのと」、以下、丙を「ひのえ」、丁を「ひのと」、戊を「つちのえ」、己を「つちのと」、庚を「かのえ」、辛を「かのと」、壬を「みずのえ」、癸を「みずのと」と読む。干支を「えと」と読むのもここに由来する。

どの辞書にもどの事典にも「え」は兄、「と」は弟と書かれている。ある学識高い先生は「と」は「妹」でなければならないといわれた。確かに兄（大・男）が陽を象徴するのであるから陰は妹（小・女）であるのが正しいと思う。

十二支をネズミ・ウシ・トラ・ウサギと十二の動物に当てはめるのは遅くとも後漢頃には一般的になっていたようだ。それに伴う迷信を後漢の王充は『論衡』で批判している。

干支は漢代から年代の表記法にもなり、またその後、十二支を方位や時刻を表すのにも用いるようになった。現代では生まれ年を十二支で表すのを「干支《えと》」というが、上にも述べたように干支は十干十二支を組み合わせたものであり、「えと」は十干を「え」「と」で表すところから来ているのだから、意味がずいぶんずれてきている。せめて自分の生まれ年の干支は、たとえば「丁亥（てい・がい／ひのと・い）」と正しく憶えておきたいものである。

さて、干支は十と十二の組み合わせだから、数学上は一二〇通りの組み合わせができる。しかし、甲子・乙丑と組み合わせていくと一〇番目は癸酉となり、二巡目は甲戌から、三巡目は甲申から始まるというように、十二支は二つずつ前にずれていくので、一つずれた甲亥や甲酉は存在しない。それで六〇通りになるのである。

懐徳堂文庫《かいとくどうぶんこ》（大阪大学所蔵）には岩崎象外《しょうがい》絵・中井履軒《りけん》賛「解師伐袁図《かいしばつえんず》」がある。タイトルの「解」は蟹、「師」は軍隊、「袁」は猿。つまりサルカニ合戦の絵という意味である。これに『春秋左伝』の文体を模した物語が書かれているのである。冒頭は次の通り。

経《けい》、四十有七年春《しじゅうゆうしちねんはる》、王《おう》の六月丁戌《ろくがつていじゅつ》、大《おお》いに雪《ゆき》ふる。夏七月《なつしちがつ》、解師《かいし》　袁《えん》を伐《う》つ。甲《こう》亥《い》、袁《えん》に入《い》り、袁侯《えんこう》を獲《え》たり。戊丑《ぼちゅう》、袁侯《えんこう》を解山《かいざん》に用《もち》ふ。

お気づきだろうか。春六月、夏七月もありえないし（旧暦では六月は夏、七月は秋）、夏に雪が降るのもおかしい。なにより、丁戌、甲亥、戊丑という干支は実在しないものなのである。戯文らしく、存在しない日付けを用いた履軒の遊び心がうかがえる。

【還暦】かんれき

干支は、すでに述べた（↓六六頁）ように六〇通りの組み合わせがあって、これを年を数えるのに用いると六〇年後に同じ干支が巡ってくることになる。甲子（かっし、きのえね）の年に生まれた人は次の甲子の年には満六〇歳になっているのである。そこで暦が一巡りしたということで還暦と呼ぶ。数え年では生まれたときに一歳と数えるから、還暦は六一歳。もちろん当人にとっての時期としては変わらない。平均寿命がそれほど長くなかった頃、還暦は長生きの一つの目標であったに違いない。赤い頭巾に赤いちゃんちゃんこを着るのも、長寿を祝い、かつ赤子に戻ったことを意味するのであろう。

満六〇歳を日本では還暦というが、中国では「耳順《じじゅん》」や「華甲《かこう》」を用いることが多い。「耳順」は『論語』為政《いせい》篇の「六十にして耳順《みみしたが》ふ」に基づく（↓八八頁）。「華甲」の華は立派なという意味。あるいは六つの十と一つの一からできているからともいわれる。甲は十干の最初の字で干支を代表することから年齢を意味する。

七〇歳を古希（稀）という。これは杜甫の「曲江詩《きょっこうし》」の句「人生七十古来稀《まれ》なり」に出来することはよく知られている。日本では長寿の祝いとして、古稀のあとに喜寿、米寿、傘寿、卒寿、白寿と続く。喜寿は喜の異体字が七十七と書くのに似ていることから、七十七歳の祝いである。米は八十八と書くから。傘と卒は略字が八十、九十と書くことから。白の字は百から一を引いたものなので九十九歳の意味。

漢字には耆《き》や耋《てつ》や耄《もう》という字がある。耆は六〇歳または七〇歳以上の老人、耋は八〇歳の老人、耄は八〇か九〇歳の老人をいうとあるが、きわめて年老いた者という意味で用いるため、その年齢には幅があり、また限定しないこともある。

寿（壽）の字の篆書をみると、字の中には老の形が含まれていることからもわかるように、この字は長生きをする、長生きを祝うという意味である。「寿《じゅ》す」とは目上の人にさかずきをすすめて健康を祝い長寿を願うことで、宴会の席での慣例であった。つまり、本来は長寿を祝う場に限定して用いられたものであったのだが、日本では（長寿に限らず）めでたいことをことばで祝う（ことほぐ）の意味に用いられるようになった。喜寿、米寿といったことばでの「寿」は本来の意味で用いられている例である。

【臥薪嘗胆】 がしんしょうたん

春秋時代、呉の国と越の国との仲が悪かったことはよく知られている。「呉越同舟《ごえつどうしゅう》」とは、その仲の悪い二国の人どうしでも舟で乗り合わせて同じ危難にあったら、力を合わせて助け合うというのが本来の意味。現在では、仲の悪い者どうしが同じ場所に居合わせるという意味で用いられている。

「臥薪嘗胆《がしんしょうたん》」という成語は呉と越をめぐって生まれた。『大漢和辞典』ではこの語について「呉王夫差《ふさ》が薪《たきぎ》の上に臥して越に復讐することを忘れざらんとし、越王句践《こうせん》が胆《きも》を坐臥《ざが》においてこれを嘗《な》め、復讐を忘れざらんとした故事。復讐するため、艱難辛苦する喩《たとゑ》。一説に、臥薪と嘗胆との二事とも、越王句践のこととする」とある。詳しく調べてみよう。

呉王闔廬《こうりょ》は句践が新王に即位したばかりの越を攻撃した。この戦で呉王闔廬は射られて傷つき、それがもとで亡くなった。闔廬は臨終の際、太子夫差を王に立て、「句践が汝の父を殺したことを忘れるな」と言い残した。『史記』呉太伯世家《ごたいはくせいか》では、このあと「三年、乃《すなは》ち越《えつ》に報《ほう》ず」とあるだけであるが、『史記』越王句践世家《えつおうこうせんせいか》では、次のようにもう少し詳しく述べている。

翌々年、越王句践は呉王夫差が軍隊の訓練に怠りなく越に報復しようとしていることを聞き軍隊を興すが、呉王が精兵を発して越を敗《やぶ》った。越王は余兵五千人を会稽《かいけい》に留めていたが、呉王に包囲されてしまった。句践は会稽の地で苦しめられ、許されて国に帰ったあとも、会稽の恥を忘れまいとして次のようにした。

胆《きも》を坐《ざ》に置き、坐臥《ざが》すれば即ち胆を仰《あふ》ぎ、飲食《いんしょく》するも亦《ま》た胆を嘗《な》む。

つまり、『史記』では「臥薪」の話は出てこず、「嘗胆」は越王句践のエピソードとして出てくるのである。

『呉越春秋』(後漢・趙曄《ちょうか》撰)では句践帰国外伝第八に次の文がある。

越王　呉に讎《あだ》を復せんと念《おも》ふこと一旦《いったん》に非《あら》ざるなり。身を苦しめ心を労《ろう》すること夜《よ》以《もっ》て日に接《つ》ぎ、目臥せれば則ちこれを攻《せ》むるに蓼《たで》を以てし、足寒《あしさむ》ければ則ちこれを漬《つ》けるに水を以てし、冬は常《つね》に氷《こほり》を抱《いだ》き、夏は還《ま》た火《ひ》を握《にぎ》る。愁心苦志《しゅうしんくし》あること、胆《きも》を戸《と》に懸《か》け、出入《しゅつにゅう》するにこれを嘗《な》め、口中《こうちゅう》に絶えざらしむ。

越王句践が呉への復讐を忘れまいとして身に課したことは非常に過酷であった。眠くなったら夕デで目を突き、足が冷えてきたら水に漬けた。冬には氷を抱き夏は火を握ったという。そして、つらい思いを持ち続けるように、戸口に胆をかけておき、出入りするたびにこれを嘗めて口中に苦い味を絶えないようにしたとある。しかし、ここでも「臥薪」は出てこない（『大漢和』をはじめ諸辞典では『呉越春秋』にて越王句践の「臥薪嘗胆」が見えるとするが、正確には「臥薪」ではない。筆者は四部叢刊本の『呉越春秋』を見たが、あるいは別本にあるのか、はたまた筆者の見落としか）。

降って『十八史略』（元・曾先之《そうせんし》撰）は次のように記している。

> 呉、越を伐《う》つ。闔廬傷《こうりょきず》つきて死す。子《こ》の夫差《ふさ》立ち、子胥《ししょ》復《ま》たこれに事《つか》ふ。夫差讎《あだ》を復《ふく》せんと志《こころざ》す。朝夕薪中《ちょうせきしんちゅう》に臥し、出入《しゅつにゅう》するに人をして呼ばしめて曰はく、夫差、而《なんぢ》越人《えつひと》の而の父を殺せしを忘れたるか、と。

呉王闔廬の死後、即位した夫差は父の復讐を志し、薪の中で寝て、出入りするごとに人に「夫差よ、越が父を殺したことを忘れたか」といわせたのであった。二年後、呉は越を打ち破った。越王句践は会稽山に逃げ込み、呉王に許しを請い、帰国することができた。そして、

> 胆を坐臥に懸《か》け、即《すなは》ち胆を仰《あふ》ぎ之《これ》を嘗めて曰はく、女会稽《なんぢかいけい》の恥を忘れたるか、と。

と書いている。

以上を整理すると次のようになる。

	臥薪	嘗胆
『史記』越王句践世家	なし	越王句践
『呉越春秋』	なし	越王句践
『十八史略』	呉王夫差	越王句践

「臥薪嘗胆」は『十八史略』にて創作されたといってよいかと思う。

【合従連衡】がっしょうれんこう

古代中国の戦国時代、韓《かん》・魏《ぎ》・趙《ちょう》・燕《えん》・楚《そ》・斉《せい》の六国が南北に連盟して秦《しん》に対抗しようとしたことを合従《がっしょう》といい、この六国を連合して秦に仕えさせることを連衡《れんこう》という。従は縦と同じで、六国の南北連盟をタテとみたからであり、衡は横の意で、東の六国を西の秦に仕えさせる、この東西をヨコとみて衡と書くのである。したがって、合従の策を唱えた蘇秦《そしん》、連衡の策を唱えた張儀《ちょうぎ》のような策略派を縦横家《じゅうおうか》と呼ぶのである。

縦横の説については、『戦国策』(ここではあとで述べるように「連衡」ではなく「連横」であるが)高誘《こうゆう》注が前記のように書いていて、『史記索隠《さくいん》』もこれを引く。

一方、『漢書』刑法志の顔師古注では

戦国時、斉・楚・韓・魏・燕・趙を従《しょう》と為し、秦国を衡《こう》と為す。謂ふこころは其の地形南北に従長《しょうちょう》なればなり。秦の地形東西に横長《おうちょう》、故に衡と為すなり。

とあって、地形的な縦長と横長の特徴から、戦国時代では六国を「従」、秦を「衡」といったというのである。とすると、「連衡」は東西に連なるではなく、秦に連なる、すなわち秦に仕えるという直接的な言い方になる。
日本のたいていの辞典・事典の見出しでは「合従連衡」となっているが、『中国思想文化事典』（東京大学出版会）のみ「合縦連横」という見出しになっていて、解説文には「日本では連衡と書く」とある。
「合従・連衡」の古い用例は『荀子《じゅんし》』賦《ふ》篇にある。

よく合従《がっしょう》し、またよく連衡《れんこう》す。

これは、南北東西によく繋がることをいい、具体的な戦国時代の外交政策を指しているのではない。南北に繋がるときは合従、東西のときは連衡ということばが古くから一般的に用いられていたことになり、顔師古注には合わない。
「合従連衡」という成語の出典として有名なのは『史記』孟子荀卿列伝《もうしじゅんけいれつでん》である。

天下　方《まさ》に合従連衡《がっしょうれんこう》に務《つと》め、攻伐《こうばつ》を以て賢《けん》と為す。
（その頃天下中が合従や連衡の策を行わんとしていて、敵を攻め伐つことができる者を才能ある者とみなしていた。）

『史記』巻蘇秦列伝では、蘇秦が六国の君主を次々と説得し、同意を得たあとに、次のように書いている。

是《ここ》に於《お》いて六国従合《ろっこくしょうごう》して力を幷《あわ》せり。蘇秦 従約《しょうやく》の長《ちょう》と為《な》り、六国《ろっこく》に幷相《へいしょう》たり。

（そこで六国は南北に連合して力をあわせることになった。蘇秦は南北同盟の長となり、全六国の宰相となった。）

ここでは「合従」ではなく「従合《しょうごう》」となっているが、「縦」の字は用いられていない。

同巻張儀列伝では、張儀を信任していた秦の恵王が亡くなり、もともと張儀を快く思っていなかった武王が即位すると、群臣の多くが張儀を譏《そし》るようになる。張儀が武王に却《しりぞ》けられたことを聞いた諸侯たちは「みな衡《こう》に畔《そむ》き、また合従す」と書いている。ここには「連衡」の語は出てこないが、張儀の説く策を「衡」と呼んでいる。

同巻始皇本紀では、太史公（司馬遷）が秦の歴代をふりかえり、孝公のとき、「外《そと》に連衡して諸《しょ》侯《こう》を闘《たたか》はしむ」とあり、恵王・武王のときには、秦の強さを恐れた諸侯たちが「合従して締交し、相与《とも》に一と為る」、合従の策にしたがって交わりを結び、一丸となった。その後、「従を約し衡を離つ」、合従を約定し連衡を離散させ、諸国は秦を攻めたが困窮し「従は散じ約は解く」、合従は散じて盟約は解け、諸侯は争って領地を秦に献じたと述べている。

以上、『史記』では「合従・連衡」を用いているが、『戦国策』では巻三に、

蘇秦　始め連横《れんこう》を将《もち》ふ

其の後《のち》、従《しょう》を約《やく》し横《こう》を散《さん》じ、以《もっ》て強秦《きょうしん》を抑《おさ》ふ

天下の士合従《がっしょう》し、趙《ちょう》に相聚《あひあつ》まりて秦を攻めんと欲《ほっ》す

巻七に

張儀《ちょうぎ》　秦《しん》の為《ため》に連横を説く

とあるなど、「合従」と「連横」、略して「従」と「横」を用いている。

また、賈誼《かぎ》「過秦論」（『文選』巻五一）では、『史記』始皇本紀の文を用いて論じ、「外に連衡して諸侯と闘ふ」「合従して締交し、相与《とも》に一と為る」はそのままであるが、「従を約し衡を離つ」は「従を約し横を離つ」と変えている。

『漢書』刑法志では

此《こ》の時《とき》に当《あ》たり、合従連衡《がっしょうれんこう》し、転《うた》た相攻伐《あいこうばつ》し、代《かは》りに雌雄《しゆう》を為《な》さんとす

と、「合従連衡」を成語として用いている。

以上を要するに、「合従」を「合縦」と書く例は見あたらない。「連衡」と「連横」は両語ともに用いられているが、「連衡」は『史記』系、「連横」は『戦国策』系といってよいだろう。そして「連衡」が多数派であるのは明らかである。『中国思想文化事典』が「合縦連横」を見出しにあげ、「日本では連衡と書く」とわざわざいうのはなぜであろう。

【快刀乱麻】かいとうらんま

『月刊しにか』（大修館書店）二〇〇二年七月号に掲載の木村秀次「漢語の履歴をたどる」を読んで、四字熟語の中に和製のものが案外多くあることを知った。これには次の二種がある。

まず「二字の漢語の組み合わせ」。例は次の通り。

栄枯盛衰、奇想天外、急転直下、取捨選択、首尾一貫、春風駘蕩、晴耕雨読、附和雷同、本末転倒、悠々自適など

この中には二字熟語だけ見れば漢籍に存在するものもあるが、四字に仕立てたのは日本人の創意の可能性が高いといえるということだ。

また、「欧米の語句の訳出」というものもある。

時代錯誤 anachronism　自然淘汰 natural selection　試行錯誤 trial and error

快刀乱麻 cut the Gordian knot　一石二鳥 to kill two birds with one stone　など

これらも構成から見れば二字の漢語の組み合わせであることが多い。近代以降に作られたのであろうが、日常生活に溶け込んで使われている。

さて「快刀乱麻」の「快刀」は切れ味のよい刀、「乱麻」は乱れもつれた麻のこと。『大漢和辞

典』には「快刀」には出典として陸游の詩などがあげられ、「乱麻」には『史記』天官書などがあげられている。「快刀、乱麻を断つ」の語句も載っていて、「切れ味のよい刀で乱れた麻を断ちきる。よくものごとを整理すること」とあるが、こちらには出典の記載はない。

『広辞苑』第五版では、この「快刀乱麻を断つ」が見出し語になっていて、杜甫の詩句「焉《いづく》んぞ幷《へい》州の快剪刀《かいせんとう》を得《え》て、呉松《ごしょう》を剪《き》り取《と》り江水《こうすい》を半《なか》ばにせん」を引いている。しかし、これは「快剪刀」の出典であって、「乱麻」および「快刀断乱麻」の出典には触れていない。字義のあとに「単に快刀乱麻とも（いう）」とあるから、略語として「快刀乱麻」があると見ているようだ（第六版には記載せず）。

以上から、少なくとも「快刀乱麻」は和製漢語であるといえるだろうし、そのもとになった「快刀断乱麻」についても、どうも本格的古典漢語とはいいがたい。

木村秀次先生はこれを cut the Gordian knot の訳語であると紹介しておられる。The Gordian knot すなわち「ゴルディアスの結び目」とは、アレクサンドロス、ふつうアレキサンダー大王と呼ばれている人物にまつわる話である。プルタルコス著『英雄伝』によると、アレクサンドロスは紀元前三三三年、アジアの入り口のゴルディオンに到着し、神殿に奉納された荷車を目にする。その荷車の長柄には紐が結びつけられており、その結び目をほどいた者がアジアの王となるという伝説があった。アレクサンドロスは結び目をほどこうとするが、固く複雑に結ばれていて糸口さえ見つからない。そこで、アレクサンドロスは剣を抜いて、結び目を切ってしまったという。

これは結び目のほどき方に思わぬ方法があること、つまり問題の解決に既存の方法以外の「コロンブスの卵」的な着眼点がありうることを示すエピソードなのである。「快刀乱麻を断つ」、すなわち、もつれた物事を手際よくさばいていくこととは意味合いが違う。「ゴルディアスの結び目」の訳語として「快刀乱麻を断つ」の語を作ったとしたならば、結び目を一刀両断した行動としてのみとらえたからで、そこから現在の意味が生まれたということになるのだろう。

近年亡くなられた小松左京さんに『ゴルディアスの結び目』という短編がある。内容を要約することが非常に難しい作品であるが、タイトルにもなっているこの言葉を次のように使っている。

アレキサンダーではないが、ほどこうとしてほどけない〝ゴルディアスの結び目〟にたちむかったら、たとえ乱暴と思われるやり方でも、ためしてみるまでさ。

【漱石】そうせき

日本人なら「漱石」と聞けば、ほとんどの人が夏目漱石を想起するだろう。しかし、この号の意味が何に由来するかを知る人は多くはないと思う。「漱」はすすぐ、あるいはくちすすぐ。口をすすぐには水を用いる。それを「石に嗽《すす》ぐ」というのはどういうことなのか。これは、『世説新語《せせつしんご》』排調篇《はいちょうへん》の次の故事に基づく（『晋書』巻五十六にもほぼ同文が掲載）。

孫子荊《そんしけい》年《とし》少《わか》き時《とき》、隠《かく》れんと欲《ほっ》す。王武子《おうぶし》に語《かた》るに、当《まさ》に石《いし》に枕《まくら》し流《なが》れに漱《くちすす》がんとすといふべきに、誤《あやま》りて曰はく「石に漱ぎ流れに枕す」と。王曰はく、「流れは枕すべく、石は漱ぐべきか」と。孫曰はく、「流れに枕する所以《ゆゑん》は、其《そ》の耳《みみ》を洗《あら》はんと欲すればなり。石に漱ぐ所以は、其の歯を礪《みが》かんと欲すればなり」と。

孫楚《そんそ》、字《あざな》は子荊《しけい》。若い頃隠遁《いんとん》の志があった。王済《おうせい》（字は武子）に、「野の石を枕にし、川の流れで口をすすぐ」といおうとして、誤って「石で口をそそぎ、流れを枕とする」と言ってしまった。王済が「流れを枕にしたり、石で口をすすぐことができるだろうか」というと、孫楚は言った、

「流れを枕にするのは耳を洗うからだ。石でそそぐのは歯をみがくためだ」と。

隠者とは、官僚にならず、自然の中で悠々自適、晴耕雨読の暮らしをする人をいう。清貧を好み、固い野の石を枕にし、川の流れで口をそそぐような暮らしに憧れている。そのことを言おうとして、枕と流れを取り違えて言ってしまった。ところが、負け惜しみの強い孫楚は誤りを認めない。耳を洗うとは、大昔の隠者である許由《きょゆう》が堯《ぎょう》から帝位をゆずろうと言われ、その耳のけがれを清流で洗ったという故事による。

ここが出典となり、負け惜しみをいうことを「漱石枕流《そうせきちんりゅう》」という。小説家夏目金之助は、負け惜しみが強い自分の性格を「漱石」という号に託したのであろう。

日本製の漢語に「流石」と書いて「さすが」と読む。これは「漱石枕流」の話に感心して、「流れと石を間違えても、さすがにうまく答えた」というところから作られたといわれている。

【塞】さい

閉塞の塞は「そく」と読んで、ふさぐの意である。一方、要塞や辺塞の塞は「さい」と読んで、とりでの意となる。中国大陸の北部、漢民族居住地の北方には騎馬民族が住んでいた。前四世紀頃から二世紀頃までは匈奴《きょうど》と呼ばれる民族が勢力を振るっていたし、唐の頃は突厥《とっけつ》などがいた。それらの騎馬民族は隙《すき》を見ては南下し、漢民族の国を脅かした。万里の長城はその侵入を防ぐために築かれ、歴代の皇帝は辺境のとりでに軍隊を派遣して防衛につとめた。

「塞翁馬《さいおうがうま》」ということばがある。「人間万事塞翁馬」ともいう。とりで近くの村に住む老人の馬がとりでの外に逃げた。困ったと思っていると北方の良馬を連れて戻ってきた。幸運だと喜んでいたら、息子がその馬から落ちて足を悪くした。ところがそのおかげで兵役を免れた。まこと禍福はあざなえる縄の如し。災い転じて福となる、という話で、『淮南子《えなんじ》』人間訓《じんかんくん》に基づく。

「ほくそえむ」の語源は「北叟笑《ほくそうえ》む」であるとする説もあるらしい。北叟とは北のおじいさん、すなわち塞翁のことで、息子が戦で命を落とさずにすんだ、しめしめと笑うことから来たというのである。

塞翁の逃げた馬が連れてきた馬は、たくましい匈奴の馬であった。北方の寒い地方で育つ馬は、秋になると冬に備えて脂肪を蓄えてよく肥え、ますますたくましくなる。その馬に乗った異民族が、秋の収穫をねらって南下してくるのは、辺境に住む人々にとって大きな脅威であった。初唐の杜審言《としんげん》が「秋高く塞馬《さいば》肥《こ》ゆ」と詠んだのは、まさにそういう外敵（この頃は突厥など）の脅威をいうのである。この詩句は日本では「天高く馬肥ゆる秋」として知られ、爽快な秋空の下、食欲も増す秋をいうことばであると理解されているようだが、本意はまったく異なる。

盛唐の頃、辺塞詩《へんさいし》が流行した。周辺異民族との戦いや辺境の情景、兵士の望郷の思いなどをテーマにしたもので、実際に現地に行かないで都にいるまま想像して書いたものがほとんどである。

出塞　王昌齢《おうしょうれい》
秦時《しんじ》の明月《めいげつ》　漢時《かんじ》の関《せき》
万里《ばんり》長征《ちょうせい》　人《ひと》未《いま》だ還《かへ》らず
但《た》だ龍城《りゅうじょう》に飛将《ひしょう》をして在《あ》らしめば
胡馬《こば》をして陰山《いんざん》を度《わた》らしめざらん

出塞
秦時明月漢時関
万里長征人未還
但使龍城飛将在
不教胡馬度陰山

秦漢の昔より関を出て（＊明月は関の名）
万里のかなたに出征した人はいまだに帰らない。
龍城に漢の名将李広がいてくれたなら、
北方民族の馬が陰山を越えて攻めてくることはなかっただろう。

特に西方の砂漠地方の情景や特産品には詩人の興味をかきたてる要素があった。次にあげる詩も「葡萄美酒」「夜光杯」「琵琶」などエキゾチックな小道具が詩興を生み出している。

涼州詞《りょうしゅうし》　王翰《おうかん》

葡萄《ぶどう》の美酒《びしゅ》　夜光《やこう》の杯《はい》
飲《の》まんと欲《ほっ》すれば　琵琶《びわ》　馬上《ばじょう》に催《もよほ》す
酔《ゑ》ひて沙場《さじょう》に臥《ふ》す　君《きみ》　笑《わら》ふこと莫《な》かれ
古来《こらい》　征戦《せいせん》　幾人《いくにん》か回《かへ》る

涼州詞

葡萄美酒夜光杯
欲飲琵琶馬上催
酔臥沙場君莫笑
古来征戦幾人回

葡萄の美酒　夜光の杯
飲もうとすれば　誰かが琵琶を馬上で弾いている
酔払って砂上に倒れ伏しても　君よ笑わないでくれ
昔より戦場に出向いて　いったい幾人が帰ってきたことか

涼州とは現在の甘粛省《かんしゅくしょう》にあって北は突厥、西は党項族の地に接した防衛の最前線であった。死と隣り合わせであるにもかかわらず、ここにはロマンティックなムードが漂う。最盛期の繁栄を楽しむ唐の都びとは、こうした辺塞詩《へんさいし》を好んだのであった。

【志学・弱冠】しがく・じゃっかん

年齢の異名で有名なのは次の『論語』為政《いせい》篇に基づくものであろう。

子曰はく、吾十有五《われじゅうゆうご》にして学《がく》に志《こころざ》す。三十にして立つ。四十にして惑《まど》はず。五十にして天命《てんめい》を知る。六十にして耳順《みみしたが》ふ。七十にして心《こころ》の欲《ほっ》する所に従へども、矩《のり》を踰《こ》えず。

ここから一五歳を志学、三〇歳を而立、四〇歳を不惑、五〇歳を知命、六〇歳を耳順、七〇歳を従心というようになった。その使用例として陶淵明（陶潜）の詩「子を責む（責子）」の一部をあげてみよう。

阿舒《あじょ》　已《すで》に二八《にはち》　懶惰《らんだ》故《もと》より匹《たぐひ》無し
阿宣《あせん》　行《ゆ》く志学《しがく》　而《しか》も文術《ぶんじゅつ》を愛せず

阿舒已二八　懶惰故無匹
阿宣行志学　而不愛文術

陶淵明には五人の息子があった。長男の阿舒（阿は愛称の接頭語）は二八、すなわち二かける八で一六歳であるが怠けもの、次男の阿宣は志学、すなわち一五歳で、学に志すべき年齢だというのに勉強嫌い。その弟たちも父の心知らず、とグチをこぼした陶淵明は「天運《てんうん》苟《まこと》に此《かく》のごとくんば、且《しばら》く杯中《はいちゅう》の物《もの》を進めん」と、酒をあおるのであった。

さて、『礼記』曲礼《きょくらい》篇には次のことばがある。

人生十年《じんせいじゅうねん》を幼《よう》と曰ひ学ぶ。二十を弱《じゃく》と曰ひ冠《かん》す。三十を壮《そう》と曰ひ室《しつ》を有《ゆう》す。四十を強《きょう》と曰ひて仕《つか》ふ。五十を艾《がい》と曰ひ官政《かんせい》に服《ふく》す。六十を耆《き》と曰ひ指使《しし》す。七十を老《ろう》と曰ひて伝《つた》ふ。八十九十を耄《もう》と曰ふ。

これが弱冠ということばの由来であるが、「二十曰弱冠」は前述の通り「二十を弱と曰ひ冠す」と読むのである。つまり二十歳になった者を弱と呼んで、成人の証しである冠を着けるという意味なのである。そこから二十歳を弱冠と呼ぶようになったのだが、『礼記』の文意は決して「二十を弱冠と曰ふ」ではない。弱冠は転じて二十歳前後のわかものを指すときにも用いるようになった。

ついでながら、「弱」は「わかい」の意味。日本で「わかい」の意で用いる「若」には本来「わかい」の意はない。「弱」の「よわい」という意味を嫌って、同音の「若」を用いるようになったといわれる。漢文を読んでいて「老弱」と出てくれば、老人とわかものと解釈しなければならない。

【文・質】ぶん・しつ

山から木を切り出してきたとする。その原木を樸（ぼく／あらき）、あるいは朴という。それは木そのものの実質として存在する。そういう実質的、本質的な存在や状態を「質」という。飾り気がないという意味の質朴《しつぼく》ということばもここから生まれた。原木の皮を剝ぎ、表面を磨いて、そこに模様を付けたり飾りを彫り込んだりする。その模様や飾りを「文」という。文様の文であり、紋は糸で織りだした文をいう。そして「文化」とは装飾的になることである。

自然のままの状態は「質」であり、人の手を加えた状態が「文」になるのである。太古の時代、石を石のまま、すなわち「質」として用いているうちは「文化」とはいわない。そこから進んで、石を削って道具として用いるようになることが、「文化」や「文明」の誕生となるのである。

孔子は「質」も「文」も大切だと考えた。原木の本質的な良さももちろん必要であるが、それを加工して施した飾りこそ文化であり、高いレベルの文化的社会の象徴であるとした。周公以来の礼や教養こそ、社会に施された模様、「文」であると考えていたのである。

人の手を加えたもの、人工物を文化ととらえた孔子に対し、これを無用なものと否定したのは老子・荘子の思想である。「無為自然」、すなわち人為を無くしてありのままで生きることこそ大切であると説いた。それは文明否定の思想であり、このような考えが生まれるのは、文明が高度に進んでいた証しともいえよう。

さて、『論語』雍也《ようや》篇に次の有名なことばがある。

子曰はく「質《しつ》 文《ぶん》に勝《か》てば則《すなは》ち野《や》なり。文 質に勝てば則ち史《し》なり。文質彬彬《ぶんしつひんぴん》として、然《しか》る後《のち》に君子《くんし》なり。」と。

実質だけで飾りがないのは野人（文化・教養のない人）である。逆に飾りが目立って実質に乏しいのは朝廷の史（文書係）である。知識としての文化には通じているが実質的な中身を備えていないからである。飾りと実質とが美しくとけあってこそ、はじめてその人は君子となるのである。

空海の著作と伝えられる『篆隷万象名義《てんれいばんしょうみょうぎ》』は日本最古の漢字辞書である。部首別に並べた字について、反切《はんせつ》（漢字二字でその音を表す方法）で音を示し、次にその字の意味（字義）が書かれている。「史」の字義は「文 多く、質 少なし」とあって、前掲の『論語』雍也篇の文章を踏まえていることは明白である。「史」の本来の意味である文書係という字義はなく、『論語』を知っている人でなければ理解できないことばが字義として書かれているのである。

この例は、『篆隷万象名義』が初学者向けの辞書として作られたのではなく、著者の備忘録的な色彩の強いものであろうと筆者が推測する根拠の一つである。

【膾炙】かいしゃ

「膾《かい》」はなます（細切りした生肉）、「炙《しゃ》」はあぶり肉、今でいう焼き肉である。どちらもおいしいごちそうなので、人がすぐ箸で運んで口にしたことから、「人口に膾炙す」とは人々の口にのぼり、話題になって知れわたることをいう。

膾は現代でいえば、韓国料理のユッケを想像すればよいだろう。『論語』郷党篇《きょうとう》に、

食《し》は精《しらげる》を厭《いと》はず、膾《かい》は細《ほそ》きを厭はず。

ご飯は白いほうがよく、膾は細いほうがよい、とある。膾は生肉だから新鮮でなければならないが、さらに粗雑な切り方では「人を害《そこな》ふ」と朱注にある。消化のために細く切るほうがよいというのである。ともあれ、生で食べられるほどの新しい肉を、腕のいい料理人によって細切りされたものは、格別のごちそうにちがいない。

「羹《あつもの》に懲《こ》りて膾《なます》を吹《ふ》く」ということばもある。熱い肉入りスープで懲りて、冷たい膾もフーフー吹いて食べるという意味で、一度失敗したのに懲りて無益な用心をすることをいう。羹もなかなかのごちそうであった。ちなみに「羊羹」とは羊肉のスープ。日本ではいつの頃からか、餡を寒天で

固めた甘い菓子の名となった。

「膾炙」がおいしいごちそうの代表であることは、古くは孟子が語っている。『孟子』尽心下には次のようにある。

> 曾晳《そうせき》、羊棗《ようそう》を嗜《たしな》む。曾子《そうし》、羊棗を食《くら》ふに忍《しの》びず。公孫丑《こうそんちゅう》問ひて曰はく「膾炙《かいしゃ》と羊棗といづれか美《うま》き」と。孟子《もうし》曰はく「膾炙なるかな」と。公孫丑曰はく「然《しか》らば則《すなは》ち曾子何為《なんす》れぞ膾炙を食ひて羊棗を食はざる」と。曰はく「膾炙は同《おな》じくする所《ところ》、羊棗は独《ひと》りする所なり。（以下略）」と。

孔子の弟子の曾子（曾参《そうしん》）は親孝行で有名な人物。曾子の父の曾晳は羊棗が好物であった。羊棗とはなにかよくわからないが、柿の小さなもので熟すと黒くなるものだとする説がある。曾子は父の好物を食べるに忍びなかった。このことについて公孫丑が孟子にたずねた。「膾炙と羊棗とどちらがうまいでしょう」。孟子「もちろん膾炙だよ」。公孫丑「ではなぜ曾子は膾炙は食べて羊棗を食べないのですか」。孟子「膾炙は誰もが好むものだが、羊棗は特別な人だけが好むものだ」。すなわち、曾子は父だけが好む食べ物を、父に遠慮して食べなかったというわけである。

東晋の王羲之《おうぎし》は「書聖」として知られた人物である。その伝記（『晋書』王羲之伝）には次の記事がある。

義之《ぎし》　幼《おさな》きとき言《げん》に訥《とつ》、人未《ひといま》だこれを奇《き》とせず。年十三《としじゅうさん》にして、嘗《かつ》て周顗《しゅうぎ》に謁《えつ》す。顗《ぎ》　察《さつ》してこれを異《い》とす。時に牛心炙《ぎゅうしんしゃ》を重んず。坐客《ざきゃく》未《いま》だ啗《くら》はざるに、顗　先《ま》ず割《さ》きて義之に啗《くら》はす。ここに於《お》いて始《はじ》めて名を知らる。

王義之は幼少の頃は口べたで、誰も彼が才能ある人物とは思っていなかった。十三歳になったあるとき、周顗に会う機会があった。周顗は彼をよく見て、並みの子ではないと感じた。当時は牛の心臓の焼き肉が一番のごちそうであった。今でいえばココロとかハツであろうか。そのごちそうが前に出ていて、まだ誰も箸をつけていなかったが、周顗は最初に切り取って義之に食べさせたのであった。このことがあってから、王義之の名が知られるようになったという話である。焼き肉にも時によって流行りの部位があったようだ。

【塗炭】とたん

塗炭とは塗《どろ》と炭のことで、きたないもののたとえに用いられる。

朝《ちょう》衣《い》朝《ちょう》冠《かん》して塗《と》炭《たん》に坐《ざ》するがごとし。（『孟子』公孫丑）

（朝廷に出る時の正装をしてきたないどろや炭の中に座るようなものだ。）

また、どろに塗《まみ》れ火で焼かれるような苦しみ、非常な難儀をもいう。

有《ゆう》夏《か》昏《こん》徳《とく》、民《たみ》塗《と》炭《たん》に墜《お》つ。（『書経』仲虺之誥）

（夏は悪徳の世で、民は非常な難儀に陥った。）

どろにまみれることと火で焼かれることは苦しみに大きな差があるように思えるのだが、古来並列されている。これで思い起こすのは『史記』刺客列伝の豫譲《よじょう》のことである。戦国時代、晋の豫譲は仕えていた智伯《ちはく》のかたきを討とうと趙襄子《ちょうじょうし》をねらい続ける。見破られないように体に漆を塗り炭を呑んで声をつぶすなど苦労を重ねるが、結局失敗して自殺した。漆を「塗」り「炭」を呑むことから「塗炭」という語ができてもおかしくはないのだが、そうはならなかった。ここからは敵討ちの苦心をいう「呑炭《どんたん》」ということばができた。

昔、我が家では正月などには花札をするのが恒例で、人数がそろうと「八八《はちはち》」というゲームをした。配られた札による手役《てやく》の点数と勝負で得た点数を合算して競う。手役の中で、十点札が一枚で残りすべてが一点札（「す」）という役を十兵衛《とおべえ》、短冊の絵がある五点札が一枚で残りすべてが「す」という役を短兵衛《たんべえ》と呼ぶ。ところが十点札一枚と短冊一枚があって残りが「す」の場合、何の役もないし勝負でも点数を稼げない。早々に勝負から降りるに如かずとなる。

これを我が家の大人たちは「トタンの苦しみ」と呼んでいた。

私は十と短の「と・たん」とトタン板の掛ことばだと思い、熱いトタン板の上にいるような苦しみだと勝手に理解していた。長じて「塗炭」に出会い、庶民出身と思っていた幼なじみが実は由緒ある家の出であることを知ったような驚きとうれしさを感じたのであった。

父母が「塗炭」を知っていたかどうかは定かでない。あるいは原義を知っていたかもしれない祖父母たちが使っていた「トタンの苦しみ」を単に花札用語として口にしていた可能性が高い。

中国古典・漢文独特のことば

【字】あざな

浅田次郎『蒼穹の昴』（講談社文庫）第七章に次のようなくだりがある。

「少荃《シャオチエン》？……」

槍の穂先を咽元《のどもと》に突きつけられて、栄禄は失禁した。

「汝のような下郎に字《あざな》を呼ばれるいわれはない」

「閣下……李鴻章《リィホンチャン》閣下……」

中国人は名と字《あざな》を持っていた。たとえば孔子の名は丘《きゅう》、字は仲尼《ちゅうじ》という。現在はもうつけなくなっているだろうが毛沢東も潤之《じゅんし》という字《あざな》を持っていた。名は生まれた時につけられるが、字《あざな》は二十歳の成人式につけられた。女性の場合は婚約を期につけられたという。

名は本人が自称に用いるか、あるいは目上の者から呼ばれる場合に使われた。目下の者が目上の者の名を呼ぶのはたいへん失礼なことで、必ず字《あざな》で呼んだ。つまり字《あざな》は敬意を込めた呼称なのである。

『論語』を読むとそのことがよくわかる。孔子は弟子である仲由《ちゅうゆう》という人物をその名の由《ゆう》で呼ぶ。しかし、地の文では「子路《しろ》曰はく」などと字《あざな》の子路を用いている。これは『論語』が孔子の孫弟子たちの手によって成ったため、編纂者たちが敬意をはらって子路と書いたのである。木村英一訳注『論語』（講談社文庫）では「子路さん」や「子貢さん」と、字《あざな》にはみな「さん」をつけていて、字《あざな》の意味合いがわかりやすい。

上にあげた『蒼穹の昴』の例でいうと、ここは「鴻章」と呼ばれた李鴻章が「汝のような下郎に名で呼ばれるいわれはない」と怒るのでなければならない。浅田次郎氏は字《あざな》を親しい者や目下に使う呼称、いわば愛称や「あだな」のようなものと思っているのではないか。同じく第七章に占い師の老婆が「とうとう慰庭めが上に破軍の星が回座した。慰庭は国を滅ぼす」という場面がある。慰庭は袁世凱の字《あざな》である。字《あざな》が敬称であることを知っていれば、「慰庭めが」といわず「世凱めが」となるであろう。

宮城谷昌光『史記の風景』（新潮文庫）の「名とあざな」の章では「本名は家族のなかでつかい、あざなは対外的につかう」とあるが、これもおかしい。本名は外でも用いるし、家族間でも字《あざな》は使う。年齢や身分の上下関係こそが要点なのである。

【諱】いみな　その1

「字《あざな》」（↓九八頁）で説明したように目上の者の名を呼んではいけないのであるから、当然、子供は親の名を口にすることは許されない。父親の名は父が生きているうちでもタブーであるが、父の死後はいっそうきびしいタブーとなる。父の名は死と同時に諱《いみな》となる。死後はふつう謚《おくりな》というのを付けてそれを呼び、生前の名で呼ぶことを忌《い》みたのである。この避諱《ひき》（諱を避ける）の風習は中国では厳格に守られてきた。父の名を口に出すだけでなく、書いてもいけないし、耳にしても目にしても親不孝とみなされた。この風習は中国の古い習慣に基づくものと思われるが、儒教で孝が盛んにいわれるようになると、それにつれてますます厳しくなっていったのである。

役所に勤めている人が、書類の中に父の名を見るたびに大声で泣いて仕事ができず、やめさせられたなどというエピソードが六世紀頃の書物に出ている。こうした諱のタブーにまつわる話はたくさんある。いくつかあげてみよう。

○『史記』を書いた司馬遷《しばせん》は父の名が談《たん》だったので、『史記』に出てくる談のつく名前を同の字に代えている。歴史家が実在する人の名前を勝手にかえていいものかと思われるが、それだけこのタブーが厳しいものだったのである。

○父だけでなく祖父の名も避けなければならない。書聖として有名な王羲之《おうぎし》は祖父の名が正だったので、正月の代わりに初月または一月と書き、正の字が必要なときには政の字で代用していた。実は王羲之の七人の息子の名には王献之などというように、みな父親と同じ「之」の字がついている。そのため、避諱の例外として取り上げられたり、避諱がゆるんでいた例として扱われるのであるが、王羲之が名前のタブーをおろそかにしていないことは、祖父の諱を厳重に避けていることからもわかる。では、なぜ同じ「之」を使うのか。はっきりしたことはわからないが、おそらく「之」は軽い音で意味の無い字だからこの字だけは構わないというのが理由と思われる。
○唐の詩人の杜甫は父の名が閑であったために、杜甫の詩には閑の字は一度も使われていない。
○唐の法律では、父や祖父の名にふれる官職に任命されてこれを辞退しない者は一年の刑に処せられた。
○唐代の詩人李賀《りが》は父の名（晋粛）に進と同音の晋があるという理由で、エリートコースの進士に挙げられるのを拒んだ。これに関しては韓愈《かんゆ》が「諱《いみな》の弁《べん》（辯）」という論文を書いて、二字のうち一字が諱にふれるのは許されてもいいのではないかと述べている。
○手紙を書く時は相手の父の名にふれないようにしなければならない。
以上のようなことがいろいろとおこってくるので、子供に名をつけるときは孫の身になって使用度の低い文字にしておく配慮がいるわけである。

日本では父親の名の一字をとって子の名にする例が古今にわたってよく見られる。これは中国人には考えられないことなのである。父親の名を口に出してはいけないといった厳しいタブーは現代の中国ではもうないはずだが、父親の名を子供につけるということはありえないのである。

【諱】いみな　その2

中国では天子、皇帝の名もタブーである。王や神聖な人物の名を避けて口に出さないというのは、日本も含めて世界各地に見られた風習ではあるが、中国のような大国で、しかも周代以来三千年以上守り続けられた例は他にはない。

このタブーは日常生活にまで大きな影響を与えた。新しく即位した天子の名と同じ文字を用いる地名や人名は改名させられた。自分の名が天子と同じであった場合は名のかわりに字《あざな》を用いることも多かった。歴代王朝は天子の諱を管理する役職を設け、使ってはいけない文字を定めた。王家の先祖にまで遡るため、たくさんの文字が使用できないことになり、代用の文字が使われた。唐代では法律で規制し違反者は処罰され、宋代では科挙（官僚の採用試験）の答案にそういう文字を用いると落第になった。宋の高宗の時には五十五字もあったから大変である。

天子の名のタブーは私たち日本人にもその影響が及んでいる。

○もともと首都を意味する言葉は「京師《けいし》」であったが、晋の時代に「師」の文字が天子の名にあったために使えなくなり、「京都《けいと》」というようになった。この、都を表す京都という普通名詞が日本では「キョウト」という固有名詞になっているのである。

○唐の太宗の名は世民、その子の高宗は治で、よく使われる「世」と「民」と「治」が使えなくなった。唐代では代わりに「代」「人」「理」を用いた。「世の民」という言葉は「代人」となる。我々の使う「二代目」「代々」や「君が代」の「代」はこの時代に「世」を「代」にかえて用いた名残りである。

時代によってタブーとされる文字が違うから、書物を読むためには「避諱《ひき》」の知識が必要になる。たとえば清朝に刊行された書物では人名の玄を元と書きかえてある。清では玄が使えない文字だったということを知らないで、見たままを書くと実際の人物の名前を間違うことになる。

逆に、避けてある文字からその書物の刊行された時代がわかる。古典の文字など、どうしても別の字に置き換えられない場合は最後の一画を省略する。これを欠画という。「玄」なら最後の点を書かないのである。

諱のタブー、つまり親や天子の名を避けるというルールは儒教の成立とは別の、中国古代の土俗的な信仰や習慣に基づいたものだったのであろう。「孝」が儒教の中で強調され重視されるにしたがって、「孝」の一つの現象としての諱のタブーが厳しく言われるようになったのだと考えられる。

日本にも古代民俗として諱のタブーはあったのであろうが、強いものではなかった。儒教が伝えられ、「孝」が説かれ、中世には中国の礼制を取り入れて避諱が制度化されたが、人々の意識として孝とは結びつかず、生活の中に入ることはなかった。

【排行】はいこう

「排」には手で開く、押しのけるという意があり、バレーボールを「排球」と呼んだというのもうなずける。また「配」や「比」に音通し、つらねる、ならべるという意味があり、「輩」と同じ使い方をすることもある。「排行《はいこう》」も「輩行」と書くことがある。

「排行」とは一般的には列を作ってならぶという意味であるが、もう一つ、中国の家族制度の中で大切な意味がある。一族中で、祖父・父・兄弟・子の各世代ごとに、年齢順に一・二・三と数字をつけて呼んだり、二字名のうち一字を共通にしたり、一字名のときは字のヘンやカンムリを共通にして、同世代であることを示すことをいうのである。

中唐の韓愈《かんゆ》に「十二郎を祭る文」という文章がある。十二郎は韓愈の次兄の子で長兄の養子であるから、韓愈の甥にあたる。一族の中の自分と同じ世代、つまり兄弟や従兄弟の中で年齢が十二番目であったから、十二郎と呼ばれていた。韓愈は世代は異なるが年齢的に近かった彼の死を悼み、この文章を書いた。兄弟だけなら十二人もいるのはむずかしいが、従兄弟を含めばありえる数字である。

盛唐の王維《おうい》の詩に「元二《げんじ》の安西《あんせい》に使《つか》ひするを送《おく》る」がある。

渭城朝雨浥軽塵
客舎青青柳色新
勧君更尽一杯酒
西出陽関無故人

渭城《いじょう》の朝雨《ちょうう》　軽塵《けいじん》を浥《うるほ》す
客舎青青《かくしゃせいせい》　柳色《りゅうしょく》新《あら》たなり
君《きみ》に勧《すす》む　更《さら》に尽《つ》くせ一杯《いっぱい》の酒《さけ》
西《にし》のかた陽関《ようかん》を出《い》でなば故人《こじん》無《な》からん

安西に派遣される友人の元二を見送る詩である。友人は姓が元、二は排行であろう。あるいはその略称かもしれない。元二と呼ぶ親しい間柄なのである。身内でなくても、親しい友人の場合、排行で呼ぶこともあったのである。

清の道光年間に作られた小説「児女英雄伝」の主人公を十三妹という。ヒロインは本名を隠して十三妹と名乗るのであるが、これも排行であって、姉妹や従姉妹の中で十三番目を意味する。武田泰淳はこの十三妹という女忍者を主人公にした小説「十三妹《しーさんめい》」を昭和四十一年に書いている。筆者は新聞連載のそのタイトルをかすかに憶えている。

「諱」（↓一〇〇頁）のところで述べたが、中国では親の名前の字を子が用いることはない。そのかわり、兄弟や従兄弟で同じ字を用いたり、同じ部首を用いたりすることは多い。たとえば、祖父の世代が木、親の世代が火、子の世代が土、孫の世代が金、曽孫の世代が水の部首の字を用いるということなどはありそうな話である。

書聖と仰がれる東晋の王羲之一族には「之」のつく名が多い。王羲之の排行にあたるいとこ（父の兄弟の子）には頤之、胡之、彭之、彪之、籍之があり、またいとこ（祖父の兄弟の孫）には晏之、允之など。王羲之の息子は七人で順がわかっているのが玄之、凝之、徽之、操之、献之の五人、献之の兄にもうひとり靜之がいて、残るひとりは不明。この子たちの世代には、越之、臨之、茂之、崐之、晞之などがいて、さらにその子供の世代には楨之、陋之、肇之などがいる（以上『晋書』より）。

親の名の字を用いないというタブーはどこへやら、三代にわたって「之」を用いているが、このことについては「諱」ですでにふれ、「よくわからない」と書いた。しかし、改めて眺めてみると、やはり異常な感じがする。

兄弟の名でおもしろいのが、『顔氏家訓《がんしかくん》』の作者として知られる顔之推《がんしすい》（五三一～五九〇？）の子供たちである。長男は思魯《しろ》、次男は愍楚《びんそ》、三男は遊秦《ゆうしん》。それぞれの意味は読者に想像してもらいたい。思魯の息子が『漢書』の注で有名な初唐の学者顔師古《がんしこ》である。その名が「古《いにしえ》を師とす」、すなわち魯を思慕し、古の学を師事するという意味になる。

孔子の直系の子孫は排行によって使う字が決まっているとか。何代も先まで決まっていて、これを当事者以外には秘密にしてあるという。

【複姓】ふくせい

森鷗外の「寒山拾得《かんざんじっとく》」では、俗臭紛々《ふんぷん》たる官僚閭丘胤《りょきゅういん》を閭氏と書いているが、閭丘が姓であるから閭丘氏でなければならない。複姓（二字の姓）の場合、略して最初の一字で呼ぶことはない。司馬氏を司氏、歐陽氏を歐氏とは呼ばないのである（歐虞［歐陽詢・虞世南］などと併称する場合を除く）。

だから、閭氏と書いたのは鷗外の誤りであるとされてきた。ところが、鷗外研究家によると、鷗外は閭丘が姓だと明確に認識した上で、あえて閭を姓としていることが明らかにされたそうだ（岩波書店『鷗外歴史文学集』第四巻注釈）。読者にわかりやすく閭氏としたのではないかということだが、これが事実ならば、鷗外先生らしからぬ余計なサービスというほかはない。

五経の一つ『春秋』には三つの解説書がある。『春秋公羊伝《しゅんじゅうくようでん》』『春秋穀梁伝《こくりょうでん》』『春秋左氏伝《さしでん》』のいわゆる春秋三伝である。『公羊伝』の作者は公羊高《くようこう》、『穀梁伝』の作者は穀梁赤《こくりょうせき》、『左氏伝』（『春秋左伝』ともいう）の作者は左丘明《さきゅうめい》といわれている。公羊・穀梁ともに複姓であるからそれが書名にも現れている。左丘も複姓と見られてきたが、それならばなぜ『左丘伝』といわないのだろうか。山片蟠桃《やまがたばんとう》は『夢ノ代』経論《けいろん》篇にて「春秋ヲ伝スル人ハ左氏ナリ。ユヘニ題名明ラカニ春秋左氏伝ト云。左丘氏ニアラザルナリ」と述べている。

春秋三伝の作者については名前以外は何もわかっていない。

古代においては意外に複姓が多い。『論語』に出てくるものを少々あげてみよう。端木《たんぼく》・顓孫《せんそん》・公冶《こうや》・南宮《なんきゅう》・漆雕《しっちょう》・公西《こうせい》。いずれも孔子の門人の姓である。しかし『論語』以降、これらの姓はほとんど見かけなくなっている。

どうも日本人は複姓になじみが薄いせいか、中国人は皆一字姓だと思っているところがある。井上靖の『敦煌』に尉遅光《うっちこう》という人物が登場する。隋唐期は北朝系の異民族出身者が史書に多く登場するが、かれらは自国語の姓を漢字に置き換えたため、見慣れぬ複姓が増えた。この尉遅《うっち》もそうした姓の一つである。この作品が映画化されたとき、新聞広告では「尉」を姓とみなし「遅光」とのあいだに少し間を置いていた。原作を確認すると当然のことながら尉遅を姓としていたから、これは広報担当者による間違いであった。

【互文】ごぶん

漢文の表現方法の一つとして互文というのがある。『大漢和辞典』で「互文」を引くと、

　二つの文、又は二つの句に於て、一方に説くことと他方に説くこととが、互に相通じ、相㆓補って意を完くする書き方。例へば、中庸の「吾説㆓夏禮㆒、杞不㆑足㆑徴也、吾學㆓殷禮㆒、有㆓宋存㆒焉、」の文に就いて云へば、徴するに足らず、存するあり、の二句は、實は互に上下雙方に繋がつてゐるのであるが、文を省く爲に、各々一方丈に用ひて、其の意を他にも通ぜしめたのである。

と、たいへんわかりにくく解説してある。

これは『中庸』が下敷きにしている『論語』八佾《はちいつ》篇の次のことばから見ていかないと理解できないだろう。

　子曰《しい》はく、夏《か》の礼《れい》は吾《われ》能《よ》く之《これ》を言《い》ふも、杞徴《きちょう》するに足《た》らざるなり。殷《いん》の礼は吾能く之を言ふも、宋徴《そうちょう》するに足らざるなり。文献《ぶんけん》足らざるが故《ゆゑ》なり。足らば、則《すなは》ち吾能

く之を徴せん。

先生がいわれた、「夏の礼についてはわたしは語ることができるが、（その子孫の）杞の国では証拠が足りない。殷の礼についてはわたしは語ることができるが、（その子孫の）宋の国でも証拠が足りない。記録も賢人も十分でないからである。十分であればわたしもそれを証拠にできるのだが。

『中庸』では同じく孔子のことばとして「わたしは夏の礼について説くが、杞の国では証拠が足りない。わたしは殷の礼を学んでいるが、宋の国が存在して（その礼を伝えて）いる」という。『論語』とは違うように見えるが、孔穎達《くえいたつ》の疏《そ》には、ここは杞も宋も「徴するに足らず」であり、また杞も宋も「存する有り」と読むのであるとし、続けて「互文見義」（文を互いにして義をあらわす）とある。

『新字源』（角川書店）では、

文章のなかで、一方で述べたことは他方で省き、双方であい補うようにした表現法。たとえば「説文」に「饔《とう》は熟食（たいた食べ物）なり、飧《そん》は餔《ほ》（ばんめし）なり」とあり、この文が饔も飧もたいた食べ物であり、饔は朝食であることを示すなど。

とあって『説文解字』の段玉裁の注「於レ饔不レ言レ朝、於レ飧不レ言レ熟、互文錯見也」を引用している。これは『説文解字』第五篇下「食」の部「飧」の注である。なお、字義の説明中、「哺《ほ》（ひぐれ）」とあるのは「餔《ほ》（ゆうめし）」のまちがいであろう。

『大漢和』のあげる『中庸』の例をＡｘＢｙとすれば「ＡもＢもｘでありｙである」となる。しかし、『新字源』のあげる『説文解字』の例を同じＡｘＢｙで表すと「ＡもＢもｘであり、ＢがｙならＡはｚである」となる。前者のほうが一般的な互文といえるであろうが、後者のようなものもあるようだ。こうなると注記がないと正確に読むのは困難だ。

『大修館漢文学習ハンドブック』には例として次の一文があげられている。

不以物喜、不以己悲

物《もの》を以《もっ》て喜《よろこ》ばず、己《おのれ》を以て悲《かな》しまず

これは范仲淹《はんちゅうえん》の「岳陽楼記《がくようろうき》」のことばで、物と己を以て喜悲せず（外物や自身のことでもって喜んだり悲しんだりはしない）と同じ意味になると説明されてある。否定文ではあるが前者タイプである。

互文の例として日常的によく見られるのは「天長地久」「東奔西走」「日進月歩」といった四字熟語である。これはわかりやすい。いずれも「天地長久す」「東西に奔走す」「日月に進歩す」と同じ意味になる。「日進月歩」の場合、日も月も進み歩んでいるわけで、日だけが進み、月だけが歩んでいるわけではない。

聖徳太子の作と伝えられる「十七条憲法」第一条に「上和下睦」ということばが出てくる。これは「上下和睦」と同義の互文である。すなわち、上も下もなかよくむつみ合うことをいう。このように読むべきことは第十五章に「初章云ふ、上下和諧す、と」とあることからも明白である。「初章」とはもちろん第一章を指し、「和諧」はなかよくすることで「和睦」と同じ意味である。つまり「十七条憲法」の作者は、第一章の「上和下睦」を「上下和諧」と読み替えているのであるから、「上和下睦」は「上下和睦」の意味なのである。

ところが、この第一章は有名な「和を以て貴しと為す」で始まる章であるだけに、ことさら聖徳太子の「和」の精神とか「和」の思想を強調する向きがあって、「上和下睦」も誤って現代語訳されていることが多い。中西進『国家を築いたしなやかな日本知』(ウェッジ)では、ここを「上に立つ者が和の心を持ち、下の者が仲よく議論する」と訳している。

【助字】じょじ

漢字はその字源に基づく本来の意味で用いられる場合は実字という。日本語文法では名詞・動詞・形容詞などにあたるとみてよい。それ以外の意味で用いて文章の意味を助ける役目をする場合の字を助字あるいは助辞、また虚字という。これは日本語文法ではおおむね前置詞・副詞・接続詞・疑問詞・感嘆詞などにあたる。

助字の意味が実字と関連する場合とほとんど関係ない場合とがある。「与」を「〜と」「ともに」と読むのは本字の「与《くみ》する」に関連するからであるが、疑問を示す「〜か」と読むのは本字とは関係ない。

前者の例としては

因《よ》る＝よって　　**果《はた》す**＝はたして

会《あ》う＝たまたま　　**尽《つく》す**＝ことごとく

数《かぞ》う＝しばしば　　**還《かえ》る**＝また

などがあり、後者の例としては

安・悪＝いずくんぞ　**許**＝ばかり
将＝まさに～べし　**如**＝もし・ごとし（如は「ゆく」意）
縦＝たとひ　**第**＝ただ
然＝しかし（然は「もえる」意）

などがある。

漢文の初学者にはこの助字はなかなかやっかいなもので、助字であることに気づかず実字で読んでしまうことがある。語順や文意から考えておかしいと思ったら助字として調べ直すといい。とはいえ、ン十年漢文人を続けていても迂闊にも気づかないことがある。

良業為取履、因長跪履之（『史記』留侯世家）

この「良」は張良のこと。「業」は職業と取りそうであるが、ここは「すでに」と読む。下の「因」に呼応していることに気づけば納得できよう。したがって「良《りょう》業《すで》に為《ため》に履《くつ》を取《と》り、因《よ》って長《ちょう》跪《き》して之《これ》を履《は》かしむ」と訓じる。

助字は漢文を読んでいて出てくるたびにおぼえるほかない。読みが同じでも意味が違うこともある。たとえば同じ「すなわち」でも「乃」「即」「則」「輒（輙）」ではそれぞれ意味が異なるのであるが、通用されることもあるからややこしい。助字の意味を調べるのに便利なものに『新字源』

（角川書店）巻末の「助字解説」がある。本格的に調べる場合は清・康熙年間に劉淇《りゅうき》が著した『助字辨略』が名著として知られている。江戸時代の京都の学者伊藤東涯《いとうとうがい》に『助字考』がある。これは文末の助字に限って用例をあげ解説を加えている。

以前、中国学関係のある学会で引用文献（書き下し文）中の「動もすれば」を「どうもすれば」と読んだ発表者がいた。これは当然「ややもすれば」と読まなければならない。質問タイムに突っこみを入れようかと思ったが、会場のほぼ全員が気づいているであろうし、あまりに些細なことなので黙っていた。発表者の専門分野が中国学でなかったためもあり、会場は寛大であった。

【遂】すい／ついに

引き続き助字に関する話である。中学の頃、書き取りの問題に「成就」などとならんで「遂行」という熟語がよく出てきた。もちろん「すいこう」が答であるが、「ついこう」とまちがえることが多い。それほど、この遂の字は「ついに」と読むことに慣れている。しかし、日本語の「ついに」と遂の字の意味は異なるのである。

大学の時、学部の演習で恩師M先生が毎年『資治通鑑《しじつがん》』を読んでおられた。筆者は学部の三年から恩師が定年退官されるまでの五年間、この授業に出ていた。我々中哲の院生・学生あわせても三人ほど、それに東洋史や国文の学生が毎年一人か二人出ていた。当番を決めて読んでいったが、新米が助字を読む段になると、M先生は毎年同じ質問をし、説明をされた。最も多く繰り返されたのが「遂に」である。

「この【遂に】の意味は?」。「とうとう、ですか?」。すると先生はしてやったりとばかり、こうおっしゃるのだ。「遂」という字は、ある状況がずーと続いて来てまだ続いていくことを表す。だから「かくて」と訳すのがよい、と。筆者の当時のノートには、遂の字の横に長い長い矢印が書いてあって途中に今を示す黒丸がある。

そのうち筆者も大学の教壇に立って、いろいろな古典を教えるようになった（教えることはまさに学ぶことである）。『春秋左伝』には、戦の前線から退いて「遂に」逃げ去った、というような記述が出てくる。この「遂に」は退去が続いて「そのまま」逃げ去ったという意味になる。「かくて」と訳してもいいのだが、この記述に出会って以来、私は「遂」を「そのまま続けて」と訳すことが多くなった。教室では黒板に書いた「遂」の字にこざとヘンを付け加え、「隧道《すいどう》」（トンネル）を思い浮かべるようにと話す。「とうとう」なら行き止まりになる。隧道は先が抜けて、まだ道が続くのである。

日本語の「ついに」は「おわりに、とうとう、結局」の意味である。この意味にあたる「ついに」の漢字は「終・卒・竟」などで、いずれも「おわる」意味を持つ。ところが日常的にこの「ついに」を「遂に」と書くようになってしまったため、漢文の「遂」をまちがえて訳すことが多くなったのである。わかりにくいときは「遂」を飛ばして訳すほうが、「とうとう、おわりに」と誤訳するよりいいのではないかと思う。

ついでにもう一つ助字の話。非常な、とても、という意味の「すこぶる」は漢字では「頗る」と書く。ところが、この「頗」は、かなり、少し多い程度という意味である。これも日本語の意味に引きずられると誤訳を招く。

【反訓】はんくん

『論語』泰伯《たいはく》篇に次のことばがある。

舜《しゅん》に臣《しん》五人《ごにん》有りて、天下《てんか》治《をさ》まる。武王曰はく、予《われ》に乱臣十人《らんしんじゅうにん》有り、と。孔子曰はく、才難《さいかた》し。其《そ》れ然《しか》らずや。

周の武王のことばの「乱臣」の「乱」は「治」の意味なので、ここは「わたしには治めてくれる者が十人いる」となる。舜の時で五人、周の建国時で十人、を受けて、孔子は「人材は得がたいものだ。そうではないかね」といったのである。

乱の字はみだれた糸を両手で分けるさまからできたとされ、「おさめる」が第一義。『書経』皐陶《こうよう》謨《ぼ》の「乱而敬」は「おさまりて敬あり」と読む。

やがて、みだれた糸そのものに視点が移り、「みだれる」の意で用いられるようになった。漢和辞典の「乱」のつく熟語はすべて「みだれる」の意であって、この字に「おさめる」の意味があることを知る人はまずいない。

このように、一字で正反対の意味を持つことを「反訓」という。『大漢和辞典』では例として、

「徂《しす》を存《そんす》とし、乱《みだる》を治《をさむ》とし、曩《ひさし》を曏《しばし》とし、故《ふるし》を今《いま》となす類」とあげているが、これは『爾雅《じが》』釈詁《しゃくこ》の「徂在存也」の注に基づいている。

徂《そ》を以《もっ》て存《そん》と為《な》すは、猶《な》ほ乱《らん》を以て治《ち》と為し、曩《のう》を以て曏《きょう》と為し、故《こ》を以て今《きん》と為すがごとし。此《こ》れ皆《み》な詁訓《こくん》の義、反覆旁通《はんぷくへんつう》して、美悪同名《びあくどうめい》を嫌《きら》はざる有り

そこで①「徂」②「曩」③「故」の字を改めて調べてみた。

①「徂《そ》」は「ゆく（往）・しぬ」のほかに「ながらえる（存）」の意がある。

②「曩《のう》」は『説文解字』では「曩、曏《きょう》也」とあって、「曏」と同じであるとする。ところが、『爾雅』釈詁では「曩、久也」とあり、『説文解字』では「曏、不久也」とある。つまり、「曩」は「ひさし」と「ひさしからず（しばし）」の意があるということになる。

③「故」は「もと、むかし、もとより」の意で、「旧」と説明される。「ゆえに」や「事」の意もあるが、「今」の意はみつからない。

ほかに反訓として有名なのは「離」に「はなれる」と「つく（着）」の意があることだろう。「離《り》」という語は、離ればなれになるさまと並び連なるさまの両意があるから気をつけなければならない。この字の場合、「離」と同音の「麗《り》」に「ならぶ（並）・つく（着）」の意があることから、通用していたため、反訓を持つことになったと思われる。「逆」に「むかえる（迎）」と「さから

う」の意味があるのも反訓といってよいかもしれない。

反訓を持つように至った事情は、文字によって異なるといっていいだろう。『爾雅』注にいうように、反覆して用いているうち、反対の意味でも紛らわしくなくなったのであろう。小島祐馬博士の論文には十八の例があげられているそうだが、古い論文なので見つけることができないでいる。

【仮借】かしゃ

『説文解字《せつもんかいじ》』は、後漢の許慎が作った中国最古の字書である。その「叙」には、漢字の成立と構造の原理として「六書《りくしょ》」すなわち、指事《しじ》・象形《しょうけい》・形声《けいせい》・会意《かいい》・転注《てんちゅう》・仮借《かしゃ》があげられている。

『説文解字』だけではなく、後漢の班固による『漢書』芸文志《げいもんし》では、前漢末の劉歆《りゅうきん》の『七略《しちりゃく》』を引用して、象事《しょうじ》・象形・諧声《かいせい》・会意・転注・仮借の六書をあげており、同じく後漢の鄭衆《ていしゅう》は『周礼』保氏の注に処事《しょじ》・象形・諧声・会意・転注・仮借の六書をあげている。これらは、文字に多少の違いはあるが、内容的には同じといっていいだろう。

漢字は、前漢時代に隷書《れいしょ》が正字体となり、数も増えて整えられ、現在の漢字の全体像がほぼ確立した。それを受けて、前漢末から後漢にかけて、漢字の成立や構造、派生の仕組みについての論議が出てきたのである。

六書のうち、前の四つが漢字の成立や構造に関する原理であるのに対し、転注と仮借は漢字の使用上の特例である。仮借について、『説文解字』叙では次のように説明している。

仮借《かしゃ》とは、本《もと》より其《そ》の字無く、声《こえ》に依《よ》りて事《こと》を託《たく》す。令《れい》・長《ちょう》、これなり。

つまり、本来該当する字がないため、同音の他の字を借りてその事を表すというもの。ここに引かれた例は、命令の意味の「令」や、久しいという意味の「長」をもって、「県令」「県長」（いずれも県の長官）と書くというものである。

この例はわかりにくいが、外来語の当て字も仮借だといえばわかりやすいだろう。シルクロードを通ってもたらされた西域の産物の音訳語（葡萄など）やサンスクリットの仏教語の音訳語も、仮借である。

一方、本来の字はあるが、同音の字やよく似た字で代用することも仮借という。たとえば、戦国時代の蘇秦《そしん》の説いた「合従《がっしょう》の策」の「従」は「縦」の仮借である。

『論語』憲問《けんもん》篇に、

　桓公《かんこう》、諸侯《しょこう》を九合《きゅうごう》して、兵車《へいしゃ》を以《もっ》てせざるは、管仲《かんちゅう》の力《ちから》なり。

とある。この「九合」を旧注では「九たび合はす」と読み、桓公が諸侯の会盟を九回開催したと、それぞれの会盟を列挙して解釈している。

一方、朱子は「九《きゅう》は春秋伝《しゅんじゅうでん》は糾《きゅう》に作《つく》る、督《ただ》すなり」と注している。「春秋伝」は『春秋左伝』僖《き》公《こう》二十六年の「桓公《かんこう》ここを以《もっ》て諸侯《しょこう》を糾合《きゅうごう》す」とあるのを指す。

「糾」は糸がからみあうという意で、そこから、集める、乱れる、ただすの意となった。糾合はふつう一つにまとめる意味であるが、朱子は正すの意に取っている。乱れているのを正して集めたということだろう。つまり、「九合」は「糾合」の仮借であると解釈しているのである。「九合」は「鳩合《きゅうごう》」の仮借としても用いられる。これも集めるの意。鳩が頭を寄せて集まっているイメージである。

国語学者齋藤文俊氏の『漢文訓読と近代日本語の形成』(勉誠出版)は、漢文の訓読が次第に音読されて漢語として成立していった過程を、諸家の訓点によるテキストを多くならべて検証しているが、ここに『論語』憲問篇の「九合」も登場する。博士家《はかせけ》は「九タヒ諸候を合スレトモ」(ママ)と読み、かながき本では「こゝのたびしよこうをあはすれども」と読んでいる。江戸時代のテキストでは、「ただし+あはす」「ただし+あつむ」と訓読され、後期になるとほとんどが「キウガフ」と音読している。この過程を経て、明治以降は「九合ス」という音読語が成立したとしている。

齋藤氏は訓読から音読へと用例を集めてたどることを主旨としていて、取り上げたことばの意味するところには言及しないという立場なのかもしれない。しかし、「九合」が「ただしあはす」と訓読されるのは、「糾合」の仮借であるからだということには触れておくべきであるし、江戸時代からこの読み方が広まっていることは朱子の注に基づくからであるということにも言及すべきであろう。

【非】ひ

否定を表す語としては、「非」と「不」と「無」が一般的である。この三字はそれぞれ使い分けられていて、「非」は「〜ではない」、「不」は「〜しない」、「無」は「〜がない」と訳される。「非凡」「不屈」「無理」を比べてみると、その違いがわかるだろう。

ところが、「不」が「非」の意味で用いられることもあり、その例として、たいていの辞書では『中庸』の

苟《いやしく》も至徳《しとく》にあらずんば、至道《しどう》は凝《な》らず。

苟不至徳、至道不凝焉、

を例にあげている。

また、「非」には「そむく」の意があるため、「非義」「非法」は義にそむく、法にそむくことで、「義ならず」「法ならず」の「不義」「不法」と同じ意味になるからややこしい。

一方、「無」は「有」の否定であるから「不有」と同じであり、これを訓読して「有らず」と読むと、「非」の訓の「あらず」と紛らわしくなる。

「十七条憲法」の第十二条に、

十二に曰はく、国司国造《こくしこくぞう》、百姓を斂《れん》する勿《な》かれ。国に二君非《あら》ず、民に両主無《な》し。率《そつ》土《ど》の兆民《ちょうみん》、王を以て主と為す。任ずる所の官司《かんし》、皆な是《みこ》れ王の臣、何ぞ敢へて公と、百姓《ひゃくせい》に賦斂《ふれん》せん。

十二曰、国司国造、勿斂百姓。国非二君、民無両主。率土兆民以王為主。所任官司、皆是王臣、何敢与公賦斂百姓。

とある。ここの「国非二君、民無両主」は、『礼記』曾子問篇の

孔子曰《い》はく、天《てん》に二日《にじつ》無《な》く、土《と》に二王《におう》無し。

孔子曰、天無二日、土無二王。

や、『礼記』坊記篇の

天に二日《にじつ》無《な》く、土《と》に二王《におう》無く、家《いへ》に二主《にしゅ》無く、貴《たふと》ぶに二上《にじょう》無し。

天無二日、土無二王、家無二主、尊無二上。

また、『孟子』万章上の

孔子曰はく、天に二日無く、民に二王無し。

孔子曰、天無二日、民無二王。

を踏まえていて、国には二君がなく、民には二人の君主はいないの意味である。

「十七条憲法」で、本来「無」とあるべきところを「非」としているのは、「非」が「あらず」と読まれて、「不有《あらず》」と混同したからであろうとされている。そして、このことが『日本書紀』が書かれた当時（七二〇年）、すでに漢文訓読が行われていた証しであるといわれている。

さて、『孟子』尽心篇に、

水火《すいか》にあらざれば、生活《せいかつ》せず。

非水火、不生活、

とあり、たいていは「水火がなければ生きていけない」と訳されている。となれば、ここの「非」は「無」と同じになってしまい、「十七条憲法」に関する上述の推測は成り立たなくなる。

しかし、この「非水火」は、厳密には「水火でなければ」であって、「ほかの何ものでもなく水や火でなかったら」という意味であるから、「非」は「無」ではない。わかりやすくするには意訳も必要だが、文字の違いが反映されるように慎重にすべきである。

【諸】しょ／もろもろ・これ

漢文を学校で習ったかどうかを計る目安に、「諸」を「これ」と読めるかどうかがあると思う。しかし、「諸」に「これ」という意味があるのではない。だから「諸」を主語に用いて「これは」と読むことはできない。

「諸《しょ》」は「之於《しお》」の合音字、つまり、音を合わせた字である。「之於」（現代中国語音 zhi ＋ yu）を読むと「諸」（zhu）と同じ音になるから、「君子求諸己、小人求諸人、（『論語』衛霊公《えいれい》篇）」は「君子求之於己、小人求之於人」と同じであって、「君子はこれを己に求め、小人はこれを人に人に求む」と読むのである。だから、正確には諸は「これを…に」ということになる。

「諸」はまた「之乎《しこ》」（zhi+hu）の合音字でもあり、この場合は文末に用いられる。「山川其舎諸、（『論語』雍也《ようや》篇）」は「山川其舎之乎」と同じで、「山川其れこれを舎《す》てんや」と読む。また、「雖有粟、吾得而食諸、（『論語』顔淵《がんえん》篇）」は「粟有《ぞくあ》りと雖《いへど》も、吾得てこれを食らはんや」と読む。「之乎」の場合の「諸」は「これを…か（や）」となるのである。

こういうことを知ると、漢文はもともと上から音《おん》で読んでいくものなのだということに、改めて気づくのである。

合音字は他にもある。「盍」は、おおうという意味の字であるが、再読して「なんぞ〜ざる」という使い方もする。これは「盍」の字音が「こう」、旧仮名づかいでは「かふ」となり「何不」の合音字になるからである。

「盍各言爾志、(『論語』公冶長篇《こうやちょう》)」は「何不言爾志」と同じで、「盍《なん》ぞ各々爾《おのおのなんぢ》の志《こころざし》を言《い》はざる」と読む。

「旃」は音はせん、訓ははた。

「上慎旃哉、(『詩経』陟岵《ほちょく》)」を「ああ、これを慎まんや」と読むのは、「旃」を「之焉《しえん》」の合音として「これ」と読むようになったと思われる。

『詩経』邶風《ほくふう》の「日月」の詩に、「日居月諸、」とあるが、この「居」「諸」は呼びかけの助字で意味はなく、「日よ月よ」と読む。しかし、ここから「居諸」は月日の意味を持つようになり、日記のことを「居諸録」ということもある。

【耳】じ／みみ・のみ

「耳」の字が顔の両側にある「みみ」の形を象ったものであることは一見にしてわかる。人にとって最もなじみ深い顔の部分は、わかりやすい象形文字で表される。「目」しかり。「口」しかり。「鼻」は「自」の部分が「はな」の象形である。自分を指すとき鼻すなわち自を指すから、自が「みずから」の意味になった。「眉」も目の上をふちどる形を示している。

耳は知識を聞きとるという重要な働きをすることから、素早く聞き取る、つまりさといの意の「聡」、正しく聞いて裁くことから、治めるや許すの意の「聴」などに部首として用いられている。「聖」も神の声を聞くことに由来する。

ところで、「耳」を助字として「のみ」と読めるかどうかも、漢文経験の有無を知る指針といえるだろう。次の文は『荀子《じゅんし》』勧学篇《かんがくへん》から。「みみ」と「のみ」が並んで見られる。

小人《しょうじん》の学《がく》や、耳《みみ》に入《はい》り、口《くち》に出《い》づ。口耳《こうじ》の間《あひだ》、則《すなは》ち四寸《よんすん》のみ。曷《なん》ぞ以《もっ》て七尺《ななしゃく》の軀《からだ》を美《び》するに足らんや。

小人之学也、入乎耳、出乎口、口耳之間、則四寸耳、曷足以美七尺之軀哉。

辞書的にいうと「句末にそえて限定の意を示す助字」である。「而已」と同じと書いてある辞書もある。「而已」は「〜して已《や》む」と読み、それでおしまい、それだけ、という意味になる。そこで、意を汲んで「〜のみ」と読むことになった。

夫子《ふうし》の道《みち》は、忠恕《ちゅうじょ》のみ。

夫子之道、忠恕而已矣。(『論語』里仁篇)

「耳」は、おそらく「而已《じい》」の合音字ではないかと思われる。先にも書いたが、合音字というのは、「之於《しお》」と書くところを音を合わせて同音になる合音字の「諸《しょ》」と書くような場合をいう(↓一二八頁)。

同じく限定の「のみ」と読む字に「爾」があるが、これも音が「じ」であるから、「而已」の合音字と考えていいのではないか。

意味の転じたことば

【陰・陽】いん・よう

陰陽説《いんようせつ》は中国古代の自然哲学というべきもので、自然界のあらゆる事象を陰陽二気から考えていこうとする二元論である。この考えは戦国後期頃から流行し、そののちさまざまな思想の中に組み入れられていった。陽はもともと丘（山）の日の当たる側をいい、陰は日の当たらない側をいう。そこから日そのものを太陽、月を太陰ともいうようになった。

さて、陽とは山に日が当たる側、すなわち山の南側を指す。当然、陰は山の北側を指す。ところが川の場合はそうではない。中国では川はたいてい西から東に流れているため、日が当たるのは北側の岸になる。つまり川の北が陽になるのであり、川の南が陰となる。岐陽《きよう》という町は岐山の南にあり、洛陽《らくよう》は洛水の北にあるといえばわかるだろう。秦の都は山の南、川の北にあったため、咸陽《かんよう》と名付けられた。「咸」は「みな」の意である。

江戸時代大坂の儒者中井竹山《ちくざん》の詩文集は『奠陰集《てんいんしゅう》』という。奠は澱に通じ淀川のこと。その陰、すなわち南側というのは大坂の市中を指す。現在の淀川は近代になって改修された新淀川で、淀川区・西淀川区と北区・福島区・此花区に挟まれて流れているが、昔の淀川は現在の大川にあたり、都島区毛馬から南下して天満橋で西に向かい、中之島で堂島川と土佐堀川に分かれる。中之島の南を流れる土佐堀川にかかった淀屋橋の南のたもと近くに、中井竹山が学主を務めた大坂学問所「懐《かい》徳堂《とくどう》」があった。懐徳堂はまた竹山とその弟履軒《りけん》の生家でもあったから、まさに「奠陰《てんいん》っ子」なのであった。

竹山の門人山片蟠桃《やまがたばんとう》は『夢ノ代』雑書篇にて、京都右京を長安、左京を洛陽に擬《ぎ》したのは漢土の真似とはいえ余りに拙《つたな》いではないか、と語っている。彼によると次第に左京が中心になったので洛陽が京の別名になったのだそうだが、洛水の北側という洛陽の本来の意味は消えてしまったのである。さらに蟠桃はいう、学者がいたずらに漢土に似せんがために国名や地名のかしら字に陽を加え、信陽（信濃）、摂陽（摂津）、武陽（武蔵）、崎陽（長崎）などとしているが、陰陽の意味も考えずに恥ずべきことだ、と。

筆者はこれを読んで、横浜名物シウマイの崎陽軒《きようけん》を思い出した。崎陽軒のホームページには創業者は横浜の人とあり、その名の由来は書いていない。おそらく中国からシューマイが伝えられた長崎にちなんでつけた名であったろう。

【粟】ぞく

米《べい》は本来は穀物の脱穀した実をいうことばである。この米《べい》に殻がついた状態を表す字が粟《ぞく》である。つまり脱穀する前の外皮のついたままの穀物を粟《ぞく》という。ふつう五穀というと、麻・黍《もちきび》・稷《きび》・麦・豆をいい（『周礼《しゅらい》』疾医《しつい》の注）、また麻のかわりに稲を数えることもある（『孟子』滕文《とうぶん》公の注）。これら穀物の総称として粟の語は用いられた。

ちなみに禾（か・のぎ）はイネ科の植物の穂を表す象形文字である。黍・稷・稲の字にはいずれも禾がついていることからわかるように、すべてイネ科である。

昔の中国では官吏の俸給は穀物で支給されたから、粟は俸禄の意味にもなった。

『史記』伯夷列伝には伯夷《はくい》・叔斉《しゅくせい》の兄弟の物語が書かれてある。殷《いん》王朝末期、兄弟の父の孤竹君《こちくくん》は跡継ぎに弟の叔斉を指名した。父の死後、叔斉は兄の伯夷に譲ろうとする。伯夷は父の遺言に反することはできないといって家を出、叔斉もまた兄に同行する。ふたりは人格者として評判の高い西伯昌《せいはくしょう》のもとへ向かうが、到着するとちょうど西伯昌（周の文王）が亡くなり、息子の武王が殷王を討ちに行くところであった。兄弟は「父が亡くなって葬ることもせず戦に行くとは孝といえるか、臣下でありながら君主を殺すのは仁といえるか」と武王を諫めた。側近に討たれようとした兄弟を太公が「これ義人なり」といって助けた。

さて、武王は殷を滅ぼし周王朝を樹立した。以下『史記』の文章を引いてみよう。

而《しか》して伯夷《はくい》叔斉《しゅくせい》これを恥じ、義《ぎ》として周粟《しゅうぞく》を食《は》まず、首陽山《しゅようざん》に隠《かく》れ、薇《び》を采《と》りてこれを食《は》む。餓《う》ゑて且《まさ》に死なんとするに及び歌《うた》を作《つく》る。其《そ》の辞《じ》に曰はく、(この歌を「采薇の歌」というがここでは略す)。遂《つひ》に首陽山《しゅようざん》に餓死《がし》す。

ここに「義として周粟を食まず」というのは、子として臣として正しい道を行っていない周からの俸禄を受け取ることは、正義に照らしてできないとして断ったという意味である。周に仕えず、収入がないので、山に入り野草を採って暮らしていたが、やがて餓死してしまったという。江戸川柳に「痩せこけた死骸があるとワラビ採り」というのがあるが、これは伯夷と叔斉を詠んだものである。

この「粟《ぞく》を食《は》む」は、どこに勤めているかを聞かれたとき、勤務先の名をあげて「○○○の粟を食んでおります」という使い方ができることばであるが、あるいはもう相手に通じないかもしれない。

日本でも粟は穀物の意味で用いられたが、転じてイネ科のアワの意味でも使うようになった。「粟餅」や「濡れ手で粟」のアワである。日本では五穀とは稲《いね》・麦《むぎ》・黍《きび》・粟《あわ》・豆《まめ》をいう。

【丈夫】じょうふ

丈夫《じょうふ》とは身長が一丈の男子というところから、成人男子をいう。周代の一丈は八尺であり、一尺は二二・五センチメートルであったといわれるから百八十センチメートルとなる。かなりの長身であるが、周の政権下にあった黄河流域地方は今も昔も南部に比べて長身の人が多いようである。『孟子』滕文公上には昔の勇者の語ったことばとして次のことばが出てくる。

彼《かれ》も丈夫《じょうふ》なり、我《われ》も丈夫なり。吾《われ》何ぞ彼を畏《おそ》れんや。

相手も一人の男なら、自分も一人の男である、どんな相手も畏れることはない、という意味である。

丈夫はまた、立派な一人前の男という意味にも使われる。日本語では丈夫に「ますらを」という訓を与えている。さらに「立派な」を強調した語として大丈夫《だいじょうふ》がある。

大丈夫《だいじょうふ》まさに雄飛《ゆうひ》すべし、いづくんぞよく雌伏《しふく》せん。（『後漢書』趙典《ちょうてん》伝）

というように用いる。立派な一人前の男なら立ち上がって活躍すべきであって、我慢して他人の支配に従うことはできない、という意味である。

現代の日本では丈夫は「じょうぶ」と読み、体が健康であること、造りがしっかりしていることをいう。ふつう「丈夫で」といえば「長持ち」が続くものだと思われている。

大丈夫は「だいじょうぶ」と読み、しっかりしていること、まちがいないことをいう。「地震があったけれど大丈夫?」「うちは大丈夫」、あるいは「会社は大丈夫?」「いや、少々危ない」などとよく使う。

「だいじょうぶマイ・フレンド」という映画があった(一九八三年封切)。私は観ていないが、タイトルが印象的で憶えていた。ピーター・フォンダ主演というのも記憶していたので、アメリカ映画かと思い、原題は何だろうと調べてみたら、村上龍原作・脚本・監督作品であった。日本に落ちてきた異星人(ピーター・フォンダ)を三人の若者たちが愛と友情と音楽で救う姿を描く、というものらしい。デビュー作の「限りなく透明に近いブルー」といい最近の作品といい、村上さんは印象的ネーミングの達人である。この「だいじょうぶ」を漢字で「大丈夫」と書いたらずいぶん印象は変わる。私のような漢文人間は「立派な男の我が友」という意味にとったことだろう。

【姫】き／ひめ

周王室の姓は姫《き》であった。周では姫氏一族や功臣に土地を与えて諸侯とした。これを封建諸侯といい、この制度を封建制度という。姫氏一族は王室と同姓の諸侯であり、功臣出身の諸侯は異姓の諸侯である。周王室は異姓諸侯には姫氏の女性を娶《めと》らせ、姻戚関係を結んだ。

中国では結婚した女性は実家の姓で呼ばれる。これは姓は血のつながりを示すものであるとの考えからくる習慣である。家族の中で血のつながらない妻だけが別の姓を持つのであって、現代の夫婦別姓の事情とは異なる。もっとも日本もヨーロッパの教会制度に基づくファミリーの考え方を導入した明治の民法制定までは似たようなものであったらしい。国民の大多数は姓を持たなかったから無関係だとして、姓をもつ武家階級では妻はなにがしの妻と呼ばれることはあっても、なにがしが彼女の姓ではなかったのである。

さて、異姓諸侯に嫁した周王室の娘たちは実家の姓、すなわち姫氏と呼ばれた。また、当時の諸侯間の婚姻の習慣として、姉妹そろって一人の男性に嫁すということも多かった。国家間のつながりをより強くしようということであろう。姫氏から嫁いできた姉を大姫、妹を小姫と呼ぶこともあった。そういうことがもとになって、次第に高貴な女性を姫と呼ぶようになっていったのである。

さらに、○○姫というように女性の美称にも使われ、後宮の女性や妻以外の愛人の意味も加わった(寵姫《ちょうき》・姫妾《きしょう》)。

古代日本では男性の「ひこ(日子の意)」に対し、女性の美称として「ひめ(日女の意)」が用いられ、名前の後ろに付けて呼ぶことが多かった。漢字が移入された最初は比売・毘売と書かれている(木花之佐久夜毘売《このはなのさくやひめ》など)。いつから「ひめ」に姫の字を当てるようになったかは寡聞にして知らない。中古以降、貴人の娘を「ひめ」というようになり、その場合はすでに姫の字を用いている。

女性、小さいもの、優しくてかわいい感じのものの名に姫を付けて呼ぶことも多い。歌姫、姫百合、姫鏡台などである。

【相】そう／あい

「相」にはいろいろな意味があるが、動作が相手に及ぶことを表す場合があって、そのときは「あい」と訓読みし、「自」と対応する。自愛が自分を愛する意であるように、相愛は相手を愛する意である。普通は、書を愛するなら「愛書」というように、目的語は後に置かれるが、「自」「相」が動作を表す語（ここでは「愛」）より前に置かれるということでも、この二つは対応している。

動作が相手に及ぶのであるから、主語によって「相」の訳語は「あなた」になったり「わたし」になったりする。「我《われ》相《あひ》愛《あい》す」なら「わたしはあなたを愛す」になるが、「汝《なんぢ》相《あひ》愛《あい》す」なら「あなたはわたしを愛す」となるのである。

「相」は「あいたがいに」という意味が一般的になってしまったが、漢文を読む上で「たがいに」では意味をまちがうケースが出てくるから注意しなければならない。

『資治通鑑《しじつがん》』を読んでいて次のことばに出会った（巻一八六　唐紀二高祖武徳元年八月）。

諸君《しょくん》幸《さいわ》ひに相《あい》棄《す》てず、当《まさ》に共《とも》に関中《かんちゅう》に帰《き》すべし。

時は西暦六一八年のこと。隋の煬帝《ようだい》が倒されたあと、我こそは次の天下人たらんと群雄が覇を競う。すでに大勢は唐による制覇に向かっていたが、天下統一はなしえていなかった。群雄のひとりである李密《りみつ》の勢力は次第に衰え、諸将にも失地回復を願う気力がなくなっていた。もはやこれまでと李密が自刎《じふん》しようとしたとき、腹心の部下が抱き止めて号泣し、周りの者たちもみな泣いた。そのときに発した李密のことばがこれである。

この「相」は「諸君」からみて相手、すなわち李密その人になる。したがってここは、諸君はありがたいことに私を見捨てなかった、一緒に関中に帰順しよう、となるのである。関中は長安を指し、擁立していた隋の恭帝からこの年禅譲を受けた唐が国都としていた。

ついでながら、「帰」にも注意が必要である。帰宅や帰国などの語で、すっかりcome backの意味が一般的になってしまったが、とつぐが第一義で、そこから身を寄せる、なつく、したがう、おさまるなどの意味が生まれた。上の例の「帰」は「帰服」「帰順」の意、すなわち唐に降参するという意味であるが、それに気づかず、「関中に帰ろう」と訳してしまうとまちがいになる。「帰る」は出てきたところにもどるの意味であるから、李密は関中出身ということになってしまうが、事実はそうではない。「かえる」の意味でないときは「帰《き》す」と読む。

【孤独】こどく

「孤独」の「孤」は親（特に父親）のない子、「独」は子のない老人をいい、熟語としては、よるべない、頼りない状態のたとえに用いられる。孤独感や孤独死などと使われる場合のひとりぼっちという意味は国訓（日本での意味）である。

孤の用例として『論語』泰伯《たいはく》篇に次のことばがある。

曾子《そうし》曰《い》はく、以《もっ》て六尺《りくせき》の孤《こ》を託《たく》すべく、以て百里《ひゃくり》の命《めい》を寄《よ》すべく、大節《だいせつ》に臨《のぞ》んで奪《うば》ふべからず。君子人《くんしじん》か、君子人なり。

「六尺之孤《りくせきのこ》」は身長が六尺の孤児という意味で、父が死んで幼少で即位した君主をいう。周の頃の一尺は二二・五センチなので六尺は一三五センチとなる。現代の男の子なら小学校高学年にあたるだろうか。また一尺を二歳半とする計算方法もあり、それでは一五歳ということになる。「百里之命」は百里四方の国、すなわち諸侯の国の政令をいう。曾子のこのことばは、まだ幼さの残る少年君主が頼ることができる人物、諸侯の国の政治を任せることのできる人物、いかなる大事にもその志を奪うことができない人物、こういう人物が君子といえる、という意味である。

「孤独」を四字に引き延ばした「鰥寡孤独《かんかこどく》」ということばもある。これは『孟子』梁恵王篇下の次の文章に基づく。

老《お》ひて妻《つま》無《な》きを鰥《かん》と曰《い》ひ、老ひて夫《をっと》無きを寡《か》と曰ひ、老ひて子《こ》無きを独《どく》と曰ひ、幼《おさな》くして父《ちち》無きを孤《こ》と曰ふ。此《こ》の四者《ししゃ》は天下《てんか》の窮民《きゅうみん》にして告《つ》ぐる無き者《もの》。文王政《まつりごと》を発《はっ》し仁《じん》を施《ほどこ》すに、必《かなら》ず斯《こ》の四者を先《さき》にす。

妻のない老人、夫のない老女、子のない老人、親のない幼子、これらは社会の困窮者で、しかも自分の窮状を訴えるすべも持たない人々である、周の文王は仁政を行うにあたって、まず彼らの救済から着手した、という。

社会保障制度のない時代におけるこういう人たちの生活苦は想像を絶するものであっただろう。仁政とは社会的弱者に目を向けることから始まる。これは現代にも通じるであろう。

妻のない男、すなわち「やもお」がなぜ魚ヘンの鰥の字なのか。魚はいつも目を開けている、妻がない男は寂しくて夜も眠れないから魚のように目を開けているのだ、鰥の字にはちゃんと「目」があるだろう、と教わったのは高校の漢文の授業で。高校生にいうことか、とそのとき思ったが、おかげで今も憶えている。確かに「鰥鰥《かんかん》」は寝ても目があいて眠れないさまをいうことばである。

【戻】れい／もとる

常用漢字表では戻の音訓は「レイ／もどす・もどる」となっているが、この「もどす・もどる」は漢字の原義にはないので、国訓だけが採用されている珍しい例といえよう。それだけ「もどす・もどる」として一般に使われていることを示している。

戻は本来「もとる」と訓じ、そむく、ねじまがる、むごい、の意がある。ほかに、罪、わざわいの意味もある。また、いたる、さだめる、という意味の用例が古典には見られる。

本字では戸の下に犬の字を書く。『説文解字《せつもんかいじ》』では犬が戸を身をくねらせてくぐりぬけるかたちであるという。そこから、もとる、いたるの意を表すようになったと見られる。常用漢字では犬を大に変えた省略形を使うから、ますます原義とは縁がなくなってしまった。

「もとほる」（漢字では「回る」と書く）が、まわる、まがる、まがったことをする、という意味を持ち、これが道義にそむくの「もとる」と、もとの場所にかえるの「もどる」の両方の語源になったという説があるようだ（『広辞苑』など）。また、「もとる」を「もどる」ということもあったらしい（小学館『日本国語大辞典』）。

日本語の「もとる」と「もどる」とに近い関係があったとしても、漢字の戻にはもとにかえるの意味はない。同じく「もとる」の意味に使われる「悖」は「もどる」とは読まない。

戻を用いる熟語には「暴戻《ぼうれい》」「違戻《いれい》」など、いずれも原義に基づいた語があるのだが、旺文社『漢字典』には「返戻《へんれい》」があげてある。確かに現代の日本にあって戻のつく熟語は保険の規約などに見られる「返戻金」ぐらいのものであるが、これは国訓に基づいた熟語であって、日本固有の語といえる。

「戻太子《れいたいし》」とは漢の武帝の太子のことである。前九一年、太子が宮中でまじないをして病床の武帝を呪ったという風評がたち、太子が自殺に追い込まれたが、のちに江充《こうじゅう》という者の偽りの訴えによることがわかった。この事件を巫蠱《ふこ》の獄という。気の毒な太子は戻太子（道義に背いた太子）と諡《おくりな》され歴史に名を残すことになったのである。

【助教】じょきょう

二〇〇七年四月から全国の大学で助教授を准教授、助手のうち教育にも携わるものを助教と呼ぶようになった。准教授は新聞などにも登場回数が多いし、またアメリカの大学の associate professor の訳語としてすでに知られていたから、認知度はかなり高いのではないだろうか。それにくらべて助教の語は一般的にはまだなじみが薄いといえよう。しかし、この助教は古い歴史を持つ語なのである。

中国では都に置いた貴族子弟の教育機関を国学と総称するが、これが制度化されたのは晋の武帝のときで、その学校を国子学という。『晋書』武帝紀には咸寧《かんねい》二年五月に「国子学を立てり」とあるのみであるが、職官志では次のように詳述する。

> 晋初《しんしょ》、魏制《ぎせい》を承《う》け、博士十九人を置く。咸寧四年に及び、武帝《ぶてい》初めて国子学《こくしがく》を立て、国子祭酒《こくしさいしゅ》・博士各一人、助教《じょきょう》十五人を定置《ていち》し、以《も》って生徒《せいと》を教ふ。（以下略）

設置年が咸寧二年（二七六）と四年（二七八）のくいちがいがあるが、これは制度が整ったのが四年ということであろうか。「国子祭酒・博士各一人」は国子祭酒（学長にあたる）とそれぞれの専門分野の博士を一人ずつということで、博士の総数は魏の制度を踏襲した頃の一九名に近い数であったとみてよいだろう。南渡して東晋になった時に九人に減じ、元帝末に一一人に増やし、さらに後に一六人にしている。助教は孝武帝の太元《たいげん》一〇年（三八五）に定員を一〇人に減らしている。

隋の煬帝《ようだい》は国子学を国子監《かん》と改称して教育行政機関の役割を与え、その下に改めて国子学などの諸学六校を置いた。唐もほぼそれを受け継ぎ、国子監の下に七学を設置した。助教は、七学のうち国子学・太学《たいがく》・広文館・四門《しもん》学の四学に置かれた。

日本でも唐制にならった大宝律令が作られ（七〇一）、教育機関と教育行政機関を兼ねる大学寮が設置された。ここには教官として博士一人、助博士・音博士・算博士・書博士各二人が置かれたが、助博士は養老令（七一八）で助教と改称した。助教の語は中国では二七八年、日本では七一八年にデビューしているのである。

江戸時代、一部の藩校では教授を助ける役目の助教が置かれていた。大坂の漢学塾懐徳堂《かいとくどう》でも初代学主三宅石庵《みやけせきあん》時代に五井蘭洲《ごいらんしゅう》は助教を務めている。明治以降、代用教員の俗称として用いられた、と『広辞苑』にはある。

【甲】こう

阪神間では「甲」の字によく出会う。甲子園、甲陽園、甲東園。以上は西宮市の地名であり駅名にもある。近年、神戸市東灘区にＪＲ甲南山手という駅もできた。神戸市の甲南、西宮市の甲陽、甲陵。これは学校名（甲陵は私が一年だけ通った中学校）。この中で甲子園だけは前述した干支による命名。甲子の年にできた甲子園球場の周辺の地名である。甲南は神戸市の北に横たわる六甲山の南の意味。甲陽園・甲東園・甲陵は六甲山脈東端の甲山《かぶとやま》にちなむ。甲陽学院はもと甲子園球場の近くにあったが、現在は文字通り甲山の南麓に存在する。周辺には甲山の名を冠した病院や県立高校もある。

六甲山は神功皇后が六つのカブトを埋めたことで名付けられたといわれるが、あくまで伝説であり、私は武庫川《むこがわ》のムコの字を置き換えたのであろうと思っている。武庫川自体も淀川の向こうの川であったのだろうが、これも神功皇后かなにかの伝説にからめて武庫という物騒な字になったのかもしれない。一方、甲山はお椀を伏せたようなその形に由来することは見ればすぐわかる。

ところで、今、甲を「かぶと」として書いている。漢和辞典でこの字を引いてみよう。字義の最後に国訓として①物の背面「手の甲」②かん、声の調子の高いこと「甲高い」③かぶと、とある

（『新字源』）。つまりカブトは日本での読みなのである。では本来の甲の意味は何か。亀の甲羅を思い起こしてみよう。甲羅は亀の体を覆うもので、頭は覆っていない。つまり甲は「よろい」なのである。「かぶと」は兜あるいは冑と書く。甲冑《かっちゅう》は「よろいとかぶと」をいう。日本において、いつのまにか誤訳されてしまったのであろう。

甲虫《こうちゅう》とは昆虫のうち外皮と上翅が堅い種類をいう。よろいに覆われているようにみえるから甲虫なのである。コガネムシやカミキリムシ、ゲンゴロウもこの仲間。いわゆるカブトムシはコウチュウ目コガネムシ科に属し、角の形が兜の前立てに似ているから名付けられた。したがって兜虫と書くのが正しい。しかし、一般的には甲虫と書かれているから、目名の甲虫《こうちゅう》と紛らわしい。

このように漢字が日本に来て意味が食い違ってしまった例が他にもある。「轡《ひ》」は本来は「たづな」である。この字の構造を見てみよう。下の口は車につないだ馬の口である。この口から両側に糸（手綱）が出ている。ここに注目したのが本来の意味である。ところが日本ではこの字を「くつわ」と読む。字の構造のうち、口に注目したからであろう。

くつわは銜、鑣、勒と書く。前二つは金属製、最後のは革製であることがわかる。「轡銜《ひかん》」「轡《ひ》勒《ろく》」で、「たづなとくつわ」となる。

【観光】かんこう

観光の語は『易経』観の卦《か》の「国の光を観る（観国之光）」とあるのが出典で、本来は国の政治や礼制などを観察してよく知るという意味である。そこから、国の政治や風俗を遊覧して視察するという意味になり、さらに名所旧跡を遊覧するという意味になった。現代では観光旅行、観光バスなどと物見遊山の意味で用いられていて、本来の意味はほとんど知られていない。したがって、「視察の名目で観光をした議員に引責辞任を要求」などという記事が出たりする。

江戸後期、大坂学問所懐徳堂《かいとくどう》の学主中井竹山《ちくざん》は、天明二年（一七八二）、京都の高辻胤長《たかつじたねなが》（高辻家は菅原道真の末裔）からの依頼を受け、『建学私議』と題した提案書と設計図面を呈上している。竹山は京都・大坂に官学がないことを遺憾とし、京都には新しく官学を建て、大坂は懐徳堂を拡充して官学とし、江戸の昌平黌《しょうへいこう》とで三都それぞれに官学を確立すべきであると提案した。『建学私議』の内容は、建学の理由から校名、学則、間取り、聯《れん》の字句にまで及ぶ詳細なものであった。竹山は京都の学校を「観光院」と命名し、御所内に聖堂と校舎を建設する計画であった。

この観光院という名は、学問をすることで国の政治や制度をよく知り、そしてそれをよりよい政治に役立てようという意図を物語っている。さらには、そこから竹山の政治志向の強さをもうかがうことができる。

天明八年（一七八八）に京都大火があったこともあって、観光院設立は実現しなかった。

寛政四年（一七九二）、懐徳堂は火災に遭い、再建が必要になった。竹山は、先の京都の観光院建設が夢に終わったので、せめてこの機に懐徳堂だけは規模を大きくして官学化をはかりたいと考えた。しかし、数度の幕府への働きかけも空しく、懐徳堂の再建こそ認可されたが計画は縮小を次々と命じられ、援助金の不足分を大坂町人の募金に頼って、旧来の堂より手狭な規模で再建するのが精一杯であった。

大阪大学懐徳堂文庫には懐徳堂再建計画図と実際の着工図が残っている。また、幻となった観光院の設計図も残っている。竹山の夢に終わった二枚の図面にはよく似たところが見られる。

【尼】じ／に

孔子の姓名は孔丘《こうきゅう》、字《あざな》は仲尼《ちゅうじ》である。これを読んで、あれっと思う人もいるかも知れない。なぜ尼《あま》なのかと。そもそも孔子の時代には仏教は中国には伝わっていない。釈迦は孔子と同時代の人である。それなのに、なぜ、男性の孔子が尼なのか。

女性の仏道修行者を意味する梵語（サンスクリット）のbhiksuniは中国において音訳されて比丘尼と書かれた。男性修行僧はbhiksuといい、比丘と書く。ビク、ビクニは苾芻、苾芻尼と書くこともあり、空海は上表文や書状においてしばしば苾芻《ひっすう》空海と自称している。尼は比丘尼、あるいは苾芻尼の略称である。つまり、単に「ニ」という音に当てられた字であって、本来はその字に女性仏道修行者の意味はないのである。

尼の字は、『説文解字』では「後ろよりこれに近づく」とあって、近づく、近いの意味がある。「昵懇《じっこん》」の「昵」と通じる。やすんずる、いこう、さだめる、などの用例もあるようだ。

孔子の字《あざな》については、尼丘《じきゅう》という山に祈って授かった子であったから、名を丘、字《あざな》を仲尼としたといわれている（『史記』孔子世家）。ちなみに仲は次男であることを示す。

北魏・孝文帝の時代に姓は陽、名は尼、字は景文という人物がいて、『魏書』巻七二に立伝されている。文才をもって知られ、秘書著作郎《ひしょちょさくろう》を務めた。もちろん、尼僧とはまったく関係がない。ちなみに僧の字も梵語の samgha の音訳である僧伽《そうか》の略である。僧伽とは比丘の集団をいうことばであったが、一人の比丘をいうようにもなった。僧の字は『集韻』(宋代編纂の字書)には「寧《やす》らかならざるなり」とあるが、用例は知らない。

今、僧の字を含む熟語のすべては僧侶の意で用いているといってよい。ただ、王羲之の後裔でもある南斉の王僧虔《おうそうけん》をはじめとして、南朝人に名に僧のつく人物が何人かいるが、その由来は何であろうか。いささか気になる。

寺の字にも触れておこう。寺は役所の意であった。史書によく出てくる「鴻臚寺《こうろじ》」というのは宮中の儀式や来朝した異民族の接待をつかさどる役所のことで、日本からの遣隋使・遣唐使もここで世話になったのである。低い位の役人を寺人といい、特に後宮の仕事に従事する者、すなわち宦官《かんがん》を寺人ということがある。仏教伝来後は僧侶の居住する所を寺というようになったが、それ以前の用例には気をつけなければならない。

【影響】えいきょう

影響は文字通り「かげ」と「ひびき」である。そのまま姿と声という意味に使うことがある。「影響を得ず」とは姿も声も得られない、まったく消息がつかめないことをいう。また、形につきそう影、声（音）につきそう響きは、形や声のような実体がない。そこで実体のないものという意味もある。『列子』黄帝篇《こうてい》には次の用例がみられる。

紀消子《きしょうし》　周の宣王の為に闘雞《とうけい》を養《やしな》ふ。十日にして問ふ、雞は闘はしむべきかと。曰はく、未《いま》だしなり。方《まさ》に虚驕《きょきょう》にして気を恃《たの》めりと。十日にして又《ま》た問ふ。曰はく、未だしなり。猶《な》ほ影響《えいきょう》に応《おう》ずと。

紀消子は周の宣王のために闘鶏を育てていた。十日たって、もう闘わせることができるかと問うと、まだです、からいばりして気力に頼るだけです、と答えた。また十日して問うと、まだです、影を見ては動き、響きを聞いては応えて鳴くありさまです、と答えた。実際に闘う相手を見極めず、実体のない影や響きに反応してしまうから、まだ実践は無理だというのである。ちなみに、この鶏はさらに十日たっても、敵を求めることに気がはやるとしてまだだとされ、次の十日でやっと

「幾矢《ちかし》」とされる。他の鶏の声に応ずることなく、木で作った鶏に見えるようになったからであった。

形には影、音には響きが必ずつきそうもの。そのように、あるものに他のものが密接な関係があることも影響という。『書経』大禹謨《だいうぼ》に次のことばがある。

禹《う》曰はく、迪《みち》に恵《したが》ふは吉《きち》、逆《ぎゃく》に従《したが》ふは凶《きょう》、惟《こ》れ影響なり。

孔安国の伝には、

迪《みち》は道《みち》なり。道に順《したが》ふは吉《きち》、逆に従《したが》ふは凶《きょう》。吉凶《きっきょう》の報《ほう》は、影の形に随《したが》ひ、響きの声に応ずるがごとく、虚《むな》しからざるを言ふ。

とあり、蔡沈の伝には、

吉凶《きっきょう》の善悪《ぜんあく》に応《おう》ずるは、猶《な》は影響の形声《けいせい》に出《い》づるがごとし。

とある。要するに、正しい道に従うと吉が得られ、悪い道に従うと凶が得られることは、ちょうど影と響きが形と声に従って出てくるように、まさに必然の反応なのだというのである。

しかし、現代日本語の「他に作用が及んで、反応・変化があらわれること。また、その反応・変化（『広辞苑』）という意味が出てくるまでには、そして「影響を与える」や「影響力を持つ」などの使い方ができるまでには、もういくつかの変遷をたどらなくてはならないように思う。現代中国語でも日本語と同じ意味で使われているが、この意味の「影響」は近代になってからの日本からの逆輸入ではないかと推測している。

【共和】きょうわ

斎藤毅著『明治のことば』（講談社学術文庫）を読んでいて、Republicの訳語に共和を当てた経緯を知った。箕作阮甫《みつくりげんぽ》の養嗣子《ようしし》省吾がオランダ語のRepubliekを翻訳する際、当時の老儒大槻磐渓《おおつきばんけい》に問うたところ、西周《せいしゅう》時代の故事にならって「共和」を用いるのがよかろうとなったというのである。

その故事とは次の通りである。周の厲王《れいおう》が無道の政治をしたため、国民の怨みを買って出奔した。そのとき、周公と召公の二宰相が共に協力して、一四年もの間、国王不在のまま政治を行なった。これを「共和」という（『史記』周本紀）。

Republicは君主を置かず、人民から選出された者が国の代表となる政治体制を意味する。これは近代化以前の日本では想像できない国家のかたちであったため、訳語に困ったのである。ともかく国王不在の政治体制を表す漢語を中国古典から拾い出してきて用いたのであったが、Republicの意味とはもちろん大きく異なる。しかし、これがRepublicの訳語として定着し、今も「共和国」として多く用いられているばかりか、中国でも自らの国号を「中華人民共和国」としている。

「合衆国」の起源には諸説があるが、斎藤毅氏によると、アメリカ合衆国の「合衆」は衆人が共同して事業を営む意であって、清朝人がRepublicの訳語として用いたのが最初ということだ。これも古典にあることばで、『周礼』春官大宗伯《しゅんかんたいそうはく》に「大封《たいほう》の礼には衆を合はす」とある。したがって、「合衆国」はUnited Statesの直訳として州を合わせた国、あるいは衆人を合わせた国を意味するのではないのである。

「合衆国」は一八五〇年前後に日本に入って、文献や外交上で使われるようになった。もし、「合衆国」が定着しなければ、日本製の「共和国」でアメリカは呼ばれていたかもしれないのである。明治初めの日本の文献には「仏蘭西《フランス》合衆国《がっしゅうこく》」などの用例があるが、これは「共和国」と同義であることの証しといえよう。

ところが、United Statesの訳語として「合衆国」が定着したため、過去にUnited Statesを用いた国名を訳す場合に「合衆国」を用いた例が少なからずある。現在はアメリカとメキシコが「合衆国」である。

一方、「合衆国」の語を作り出した中国が自国に「合衆国」を用いず、日本で用いられた「共和国」を用いることになったというのも興味深い。United Statesが「合衆国」であり、Republicが「共和国」であるという訳語が定着したためであろう。

【都合】つごう

「都」の意味をたずねると、おそらく一〇〇%の人が「みやこ」と答えるであろう。ほかに意味はという問いに答えられる人はどれほどいるだろうか。中国語では「すべて」という意味でよく用いるから、中国語学習者にはおなじみのはず。ただし、現代になってからの用法ではない。「都」は昔から助字（→一一二頁）としては「すべて」という意味で使われていたのである。『文選』から魏文帝「呉質《ごしつ》に与ふる書」の語句を次に引いておこう。

頃《ちかごろ》其《そ》の遺文《いぶん》を撰《せん》し、都《すべ》て一集《いっしゅう》と為《な》す。

したがって、「都合」はすべて合わせて、合計という意味である。日本でも古くはこの意味で用いられていて、『広辞苑』では『平家物語』から「都合其勢七万余騎」の例文を引いている。

しかし、次第に異なる意味での使い方が一般的になっていったようで、『広辞苑』では（「都」はすべての意）とした上で、前記の意味を①とし、②ほかの事柄との関係、なりゆき、ぐあい、③やりくり、てはず、④ぐあいのよいさま、場所、⑤要するに、結局、をあげている。

小学館の『日本国語大辞典（第二版）』には次のように書かれている。

①（—する）合うこと。合わせること。合計すること。また、その合計。総計。副詞的にも用いる。

②物事が曲折を経て落ち着くところ。つまるところ。副詞的にも用いる。

③（—する）工面すること。算段すること。また、その算段。やりくり。てはず。

④ぐあい。状況。状態。事情。

⑤ぐあいのよいさま。また、そういう場所。

引用の例文は省略するが、②以降は江戸時代から見られるようだ。

『日本国語大辞典』のダイジェスト版ともいうべき『国語大辞典』では、①に（「都」はすべての意）という注記をつけ加えている。『広辞苑』では同じ注記が冒頭にあるが、②以降には「すべて」の意味は無関係であるから、『国語大辞典』の書き方のほうが適切である。双方の③にあがった「やりくり、てはず」は「手番《テツガヒ》」の略転という説もあるようだ（『日本語大辞典』は『大言海』を引く）。

要するに、「都合」は中国人との筆談で使っても通用しないことばの一つではある。

【張本】ちょうほん

ここでいう張本はかつての強打者、張本勲《はりもと》さんのことではない。張本は「本を張る」ことで、すなわち伏線を張る、そこから伏線の意でも用いる。事件の経過を述べる際に、あらかじめ結果に繋《つな》がる伏線を張っておき、事件の結果が出た段階で、あれがこの伏線だったのだというように使う。注者が事件発端の伏線部分に書き入れることが多い。

『大漢和辞典』には「後に書く文章の本となるものを前に記したもの。伏線」とあり、用例が三箇条あげてある。

用例一は『春秋左伝』隠公五年「翼侯奔随」の注である。

晋内に相攻伐あるも乱を告げず。故に書せず。伝、其の事を具《ぐ》し、後の晋の為《ため》に本を張る。

晋内相攻伐不告乱、故不書、伝具其事、為後晋事張本。

晋の国内では内乱があったのにそれを魯《ろ》には告げなかった、だから『春秋』本文では書いていない。ところが伝ではそのことを一部始終書いているのは、のちの晋の事件の伏線を張っているからである、という意味。四句目の「後の晋の為に本を張る」は『大漢和』の句点に従うと「後の晋の事の張本を為す」となり、「張本」を「伏線」ととらえている。

用例二は白居易の「六讃偈《りくさんげ》」の「為来世張本」。ここも「来世の張本を為す」と読んでいる。

用例三は蘇軾の「前赤壁賦」の「しばらくして月東山の上に出づ」の注「前言清風、此言月出、一篇張本在此」。前に清風をいい、ここに月の出を言うのは、この賦一篇の伏線がここにあるのである、という意味になるのであろう。

さて、「為○○張本」は前の用例一・二にみるように「○○の張本を為す」と読んでいいのだろうか。これは「○○の為《ため》に本を張る」と読むべきではないだろうか。用例一は「後の晋の事のために本を張る」、用例二は「来世のために本を張る」と読むのがいいのではないかと思う。本来は「本」が「伏線」の意味で、張本が「伏線を張る」であろう。それが定着してきて、張本で伏線の意味になった(「伏線」も「線を伏す」から「伏した線」をいうようになったのだろう)。用例三はそれにあたるのではないだろうか。

「張本」の語を知ったのは、『資治通鑑《しじつがん》』の演習に初めて出た大学三年の頃である。宋の司馬光《しばこう》の『資治通鑑』は優れた通史であり、その文章も定評がある。元の胡三省《こさんせい》の注もまた優れたものとして知られる。この胡注ではしばしば「為○○張本」が見られるが、我が恩師は「○○のために本を張る」と読んでおられたと記憶する。

一例をあげると、唐紀の太宗貞観十六年十一月丁巳に、高麗でクーデターが起こり首謀者の暴挙に国民が苦しんでいると報告があったと記されている。その注には「為征高麗張本」とある。「高麗を征するが為に本を張る」、すなわちこのあとの高麗征伐の根拠をここにあらかじめ示しているというのである。

ところで、現代では張本人ということばがよく使われるため、張本をその意味だと誤解することもあるようだ。ずいぶん前のことであるが、筆者の論文を読んだある方が、文中の「張本」は張本人と訳すべきを誤訳していると指摘してこられた。筆者は、『資治通鑑』の胡注の例文を示して反論申し上げた。するとその方は、初めて張本を辞書で引いてみて、伏線という意味があるのを知ったと書いてこられた。先入観で張本人と思いこんでおられたのであった。もっとも「○○の為に本を張る」と読むべきを「○○の張本を為す」という読み方は変えようとなさらなかったが。

【兵】へい

芭蕉は奥州平泉で「夏草やつはものどもが夢の跡」の句を詠んだ。芭蕉は「つはもの」に兵の字をあてている。

兵の字は斧を両手で持つ形からできていて、武器で打つことを表した。そこから武器や軍隊、いくさ、軍事の意味で用いられるようになった。

日本語としては兵で兵卒、すなわち一人の兵士をイメージすることが多い。芭蕉もうしろに「ども」をつけて「兵士たち」「武人たち」として使っている。近代になっても新兵、二等兵などと用いられているから、a soldger の意味が定着したのであろう。

しかし、漢文では一兵士の意味で兵を用いることはまず見かけない。一兵士の場合は「卒」を用いる（もっとも卒で二十五人の兵士団を指す場合もある）。「兵《へい》を勒《ろく》す」の兵は軍隊。軍隊の隊列を整えるという意味である。「兵隊」はもちろん軍隊の意であるが、「ひとりの兵隊」「兵隊さん」などと兵士を指すのは日本語である。

漢文では兵を武器の意味で用いることが多いが、兵を兵士としてイメージしている日本人は読み違いを起こすかもしれない。たとえば「兵少なく食乏《とぼ》し」は武器が少なく食糧も不足していることであって、兵士不足をいっているのではない。「兵は不祥の器なり」（『老子』）の兵も武器である。『史記』伯夷《はくい》列伝では、殷の紂王《ちゅうおう》の討伐に向かう周の武王を諫めた伯夷と叔斉《しゅくせい》に対し、「左右これを兵たんと欲す《う》」と書いている。お側の者たちが武器のやいば、すなわち兵刃で殺そうとしたのである。これは上記した兵の字源に最も近い使い方といえよう。

兵を戦争や軍事という大きなものを指す語として使うことも、現代の日本人にはなじみが薄くなっている。「兵は猶《な》ほ火のごとし」（『春秋左伝』隠公四年）は、戦争は火のようなもので、あらゆるものを滅ぼしてしまうということ。「兵は死地なり」（『史記』趙奢《ちょうしゃ》列伝）とは、戦争は命を失う危険な場所であるの意である。

兵はまた兵法や戦術の意にも用いられる。「兵は詭道《きどう》なり」（『孫子』）や「兵は神速を貴ぶ」（『三国志』魏書・郭嘉《かくか》伝）などはこれにあたる。

「兵革《へいかく》」は兵が武器、革はよろい（昔、よろいは皮で作ったから）。そこから戦のことをいう。「兵戈《へいか》」はほこのこと。これも戦を意味する。武器の名前が戦争の意味になるのは「干戈《かんか》」も同じ。今の日本の元号「平成」の部首はそれぞれ「干」と「戈」であることをご存じだろうか。

【分野】ぶんや

『広辞苑』で「天台山」を引くと、その名の由来として「その地の分野が天の三台星に応ずるところに因《ちな》む名という」とあった。この文章を読んで、どういう意味なのかすぐにわかる人は少ないだろう。それは「分野」のせいである。

分野を『広辞苑（第五版）』で調べると、ふつう用いられる「物事の方面・範囲。領域。勢力範囲」という意味は第二義にあげられている。では第一義は何かというと、「古代中国で、全土を天の二十八宿に配し、各地をつかさどる星宿を定めた天上の区分」とある。

『大漢和辞典』では「戦国の時、天文家が中国全土を天の二十八宿に配当して区別した称。その分野に星変のある時は、其の国に災《わざわひ》があるといふ」とあり、角川の『新字源』では「春秋時代、天の二十八宿（星座）に相応するように中国全土を分けた区域」となっている。比べてみると、春秋か戦国か、発生時期にも違いはあるが、天の区分と地の区分のどちらを指すかがはっきりしない。これはむしろ天の星座とそれに対応する地上の区域とを定めることを「分野」といったと解するほうがよいのであろう。

二十八宿とは中国固有の二八の星座である。それを二、ないし三宿ごとに地上の一二の国に配する。星宿と国の対応は表の通り（『大漢和辞典』より）。ここでは国名を「分野」と記している。『史記』宋微子世家に「心、宋之分野也」とある。「心」という星宿は宋の国の分野であるという意味であるが、逆に、宋の国は「心」の分野ということもできることになる。

この「心」周辺に星変があれば、宋の国に災いが起こるという考えを分野説といい、中国古代の代表的な占星術である。

この分野説の背景には、天上と人間界は対応関係にあるとする古くからの思想がある。たとえば天に十二ヶ月があるように人間には十二の大きな関節があり、三百六十六日は三百六十六の小関節に対応する。五行は五臓と、四時は四肢と、昼夜は覚と眠に対応するといった説なども根幹は同じである。

天と人との対応（天人合一）をさらに進めた、人（天子）の政治に天が反応するという天人相関説は漢代に流行する。悪政が天変地異を招くという思想は後世の日本でも見られるが、天変地異が人心の不安を招き、政権が不安定になるという構図にも置き換わる。

星宿	角・亢・氐	房・心	尾・箕	室・壁	斗・牛・女	虚・危
分野	鄭	宋	燕	衛	呉・越	斉
星宿	奎・婁	胃・昴・畢	觜・参	井・鬼	柳・星・張	翼・軫
分野	魯	趙	魏	秦	周	楚

星宿と星の対応

【控】こう／ひかえる

朝日新聞に、三洋電機の子会社の人員削減を報じたあとに「親会社の三洋電機もパナソニックの子会社化をひかえる」と書かれていた（2008.12.19）。この「子会社化をひかえる」は、「子会社化を見合わせる」とも「子会社化が間近に迫っている」とも、どちらにも取れる。子会社化を決定して話題になっている最中であるから、もし前者なら一大スクープとなるのだが、どうも記事の調子から見てそうではなさそうだ。しかし、紛らわしい。

「ひかえる」には、まず自動詞としてA【空間的・時間的に近い所にある、待機する】の意味があり、他動詞としてB【ひきとめる、おさえる、近いところに置く、準備する】の意味がある。上記の場合は、「ひきとめる、おさえる」と「近いところに置く、準備する」の両方に取れてしまうのである。ここは「子会社化を当面ひかえる」のか「子会社化を間近にひかえる」のか、明確に書くべきである。

ところで、「ひかえる」には漢字「控」があてられている。控の意味は『大漢和辞典』を参照してあげてみると、

（一）①引く。ひかえる。（ひきよせる。弓をはる。馬をとめる。牽制する。）

②告げる。赴く。
③投げる。
④叩く。
⑤危急なこと。
（二）除く。
（三）打つ。叩く。
とある。（一）～（三）は発音上の区別がある。当然のことであるが、どの意味も中国古典中の使用例に基づいている。

日本では、（一）の①「ひかえる」に上記の日本語としての意味AとBを盛り込んだようで、これが国訓として漢和辞典には載っている。さらに国訓としては「ひかえ、うつし」の意味も加わった。

このように「控（ひかえる）」には多くの意味がある。われわれ給与生活者になじみのあるのは「控除」の語である。取り除く、差し引くの意味で、課税対象額からの控除はトクをする分、支給額からの控除はソンをする分というふうに、プラスマイナス両方で使うから、なんとなくややこしい。

戯れに「控」を多用した、ありそうな悪文を作ってみた。

「課税控除の書類提出を控えて、控室で書類の控えに言い分を控えようとしたら、控えるようにいわれた。」（課税から差し引く分の書類提出に備えて、準備室で書類の写しに言い分を書いておこうとしたら、止めるよう言われた。）

【堂】どう

『論語』先進篇《せんしんへん》に「由や、堂に升《のぼ》れり、未だ室に入らず」とある。由とは仲由、字は子路。これは、孔子が子路の学問を評していったことばである。

「堂」というのは、本来土を高く盛ったところ、またそこに建てられた大きな建物を表す。したがって建物に入るには段を昇らなくてはならない。さらにはその建物の南向きの表座敷を指し、奥の座敷は「室」という。子路の学問は、たとえていえば、建物の上にあがり表座敷までは来ているが、奥の部屋までには至っていないという意味である。「堂に入《い》った様子」などという言い方も由来はこの『論語』のことばらしい。

映画「ラストエンペラー」が流行った頃、映画を観ていなくとも、テレビＣＭやポスターで、幼帝が玉座につき大勢の臣下が階下にひれ伏すシーンを目にした人も多かったから、「堂」の説明がしやすかった。あの皇帝のいる建物が堂であり、玉座のある表座敷（テラスのような南向きの空間）も堂という。紫禁城の場合あの建物は太和殿というが、殿堂ということばがあるように、大きな建物という意味では堂は殿と同じなのである。

そういえば、日本の王朝時代、殿上人《てんじょうびと》を堂上人《とうしょうびと》ともいい、公家のことを堂上家《とうしょうけ》ともいった。

一方、日本では寺院の最も中心となる建物を本堂といい、周辺の建物も堂と呼ぶことが多い。たとえば、高野山の壇上伽藍《がらん》では、根本大塔を中心に、金堂《こんどう》、御影堂《みえどう》、不動堂、孔雀堂などの諸堂が配置され、時間を超越した空間を形作っている（余談ながら、筆者が高野山上で最も好きな場所はこの伽藍であり、ほとんどの観光客が奥の院と金剛峯寺だけで帰ってしまうことは実に残念なことだと思っている）。

これらの堂は必ずしも大きな建物ではない。ふつう「お堂」というと小ぶりの仏教建築を思い起こす。「方丈」すなわち一丈四方、四畳半の堂もある。

思うに、神仏を祀る大きな建物を天子の宮殿（堂）に模して作り、殿や堂といったのであろう。仏教寺院の御本尊を祀る建物を中国では大雄宝殿《だいゆうほうでん》というが、日本ではこれを本堂といい、神社の御神体を祀るところを神殿というのが一般である。

本尊以外の諸仏を祀《まつ》る建物も堂の名で呼び、したがって小さな「お堂」も登場するようになったのである。そして、たいてい床が高く、テラスのような縁があり、外付けの階段を使って出入りする。これは中国古代の「堂」の様式のなごりといっていいのではないだろうか。

【室】しつ

「室」は家を表すウかんむりと至からできている。『説文解字』では「室屋皆《しつおくみ》な至《しつ》に従《したが》ふ、止《と》まる所なり」とあり、段玉裁《だんぎょくさい》の注には「室屋は人の至りて止まる所なり」とある。室も屋も「至」を含んでいて、人が家の中で行きつく所、すなわち奥の部屋（居間、寝室）を意味し、ひいて家の意ともなる。「屋」のほうは、今は家の建物や屋根の意味での使用がふつうになっているが、「部屋」「寝屋」などに元の意味が残っている。

『詩経』周南の有名な「桃夭」の詩の第一節と第二節は、

桃の夭夭たる　灼灼たり其の華
之《こ》の子于《ゆ》き帰《とつ》ぐ　其の室家に宜しからん
桃の夭夭たる　蕡たる有り其の実
之《こ》の子于《ゆ》き帰《とつ》ぐ　其の家室に宜しからん

桃之夭夭　灼灼其華
之子于帰　宜其室家
桃之夭夭　有蕡其実
之子于帰　宜其家室

とあり、双方の四句目の「室家」「家室」は家庭の意味で用いられている。

また、「氷室」という語でもわかるように、室には穴という意味もある。黄河流域地方では断層を掘り込んだ横穴住居が昔から作られているが、関係があるかもしれない。また、『詩経』唐風「葛生」の詩には次の句がある。

夏の日冬の夜、百歳の後《のち》、其の居《きょ》に帰り、
冬の夜夏の日、百歳の後、其の室《しつ》に帰る。

夏之日冬之夜、百歳之後、帰于其居、
冬之夜夏之日、百歳之後、帰于其室、

ここの「居」も「室」も墳墓、塚壙《ちょうこう》の意であると鄭玄《じょうげん》の箋《せん》にある（壙は穴のこと）。室は埋葬される穴であり、死後の住居でもある。

部屋を意味することばに「房」がある。この字の音符「方」は「傍」にも通じるとおり、堂（↓一七三頁）のかたわらの小部屋を表す。表座敷が堂、奥の部屋が室、両脇の部屋が房ということになる。文房は書斎のことで、確かに家の脇のほうにあるものだ。ちなみに房中術の房は閨房のことで婦人の寝室をいう。

ところで、心臓の四つの部分のことを日本語でも中国語でも左右の心室・心房と呼ぶ。奥まった「室」に対して「房」は脇の部屋と見えるが、あるいは垂れ下がったブドウのフサのイメージからの命名かもしれない。漢字の「房」をフサの意に読むのは国訓（日本語だけの用法）であるが、医学用語は日本から中国に輸出したものが多い。英語では心室は chamber（または ventricle)、心房は atrium というらしい。chamber は部屋、atrium は中庭の意味である。

室が奥の部屋を指すことから、そこにいる妻のことも室という。「正室」「側室」の室である。奥方、奥様というのと同じである。

『論語』に「由や、堂に升れり、未だ室に入らず」とある（↓一七三頁）。由（子路）が室に入ることができないのはなぜかのクイズに、室には先生の奥方がいるから、と答えたら、さて。

【斗】と

「斗」はひしゃくである。丸いくぼみのある頭にひしゃくの柄がついた形で、「科斗」はオタマジャクシのことである。

北斗七星は北の空のひしゃく型の七つ星をいう。「北斗星」「北斗」とも呼ばれる。学問・芸術の第一人者を「泰斗《たいと》」というが、これは名山の代表格の泰山《たいざん》と北斗星を並べた「泰山北斗」の略で、どちらも仰ぎ尊ばれることからいう。

「斗」は十升入りのマスでもあり、このマスも柄がついていた。十升すなわち一斗として容量の単位にも使われる。中国古代では一斗は一・九四リットルで、今の日本の一升余りであるから、片手鍋のようにマスの柄を持って扱うこともできよう。

「斗胆《とたん》」は一斗マスほどの心という意味で、度量の大きいことをいう。「斗儲《としょ》」とはわずかな蓄え、「斗禄《とろく》」はわずかな俸禄のこと。胆ならば一斗マスは大きくても、蓄えや俸禄ならば一斗マスに入るほどではわずかな量ということになる。

『論語』子路篇に「斗筲《としょう》の人、何《なん》ぞ算《かぞ》ふるに足《た》らんや」ということばが出てくる。筲《しょう》は一斗二升入りの竹の器。「斗筲」とは器量が狭小なたとえである。人としてみれば、やはり一斗マスは小さい。大海や泰山にたとえられてこそ大人物である。

ここで容量の単位を並べてみよう。小さいほうから勺、合、升、斗、石である。時代によって量が変わり、一斗は隋や唐では五・九四四リットル、宋では九・四四八リットル、明では一七・〇三七リットル、清では一〇・三五五リットルとなった。現代ではメートル法に合わせたのであろう、一升が一リットル、一斗が十リットル、一石が百リットルとわかりやすい。日本の一升が一・八〇三九リットル、一斗が一八・〇三九リットル、一石が一八〇・三九リットルと比べると半分強といったところ。

「斗酒」といえば大酒である。「斗卮酒《としし ゅ》」は一斗入りのさかづきの酒。『史記』項羽本紀の有名な「鴻門の会」のシーンでは、沛公《はいこう》（劉邦）危うしと見て登場した樊噲《はんかい》が、項羽から「壮士なり、これに卮酒を賜へ」といわれ「斗卮酒」を与えられている。樊噲は立ったままで一気飲みしてしまう。この時の一斗は二リットル足らず。もちろん豪傑には違いないが、日本でいう一升酒と変わらない。

唐の李白は酒好きで有名だった。杜甫は「飲中八仙歌」で「李白　一斗に詩百篇」と詠った。李白は酒一斗飲む間に百篇の詩を作るという。この一斗はほぼ六リットルで、日本の五升である。これは大変な酒量であるが、ただし「一夜で」とは書いていない。

【対策】たいさく

「傾向と対策」シリーズという受験参考書があった。創刊以来六〇年以上続いていたが、今はなくなったようだ。旺文社のホームページには次のようにある。

旺文社の「傾向と対策」シリーズは、戦後の学制改革に伴い、新制大学が発足した昭和二四（一九四九）年に創刊されました。新しい制度下での各大学の入試問題を分析し、各教科・科目の出題の〝傾向〟と〝対策〟を解説し、他に類のない独自の受験対策書として創られました。当時は同類の書籍がなく大変な売れ行きとなり、この本のシリーズ名である「傾向と対策」が、現在日常的に使われている「〇〇の〝傾向と対策〟」という、表現の起源になったという説もあります。

筆者が受験期を過ごした頃は、「傾向と対策」の出どころがこのシリーズであることを知った上で、少々シャレたつもりで「〇〇（たとえば恋愛）の傾向と対策」と使っていた気がする。

さて、「対策」ということばは、本来「策に対《こた》える」という意味であった。紙のなかった時代では、まず「簡」という細い竹の札に書いてこれを革ひもで綴じ合わせた。これを「策」といい、また「冊」ともいう（「册」の字は簡を綴じ合わせた形を象ったものである）。

漢代、官吏の登用にあたって、政治上の問題を天子の名のもとに策に書いた。これを「策問」といい、それに受験者が対《こた》えた文章を「対策」といった。建元元年（前一四〇）、武帝の策問に対えて董仲舒《とうちゅうじょ》がたてまつった「賢良対策」は、漢の政治を儒教理念に基づくべしとしたもので、これによって儒教国家中国が始まったとして有名である。（ちなみに「対」は上位者の質問にこたえる際に用いる。『論語』などでも「対」と「答」の使い分けで、質問者と応答者の地位が明らかになる。）

『大漢和辞典』では「対策」には上記の意味のみが書かれてあるが、われわれが用いる意味はこれではない。もちろん、旺文社の「傾向と対策」の「対策」も。手許のハンディタイプの漢和辞典で調べてみた。旺文社『漢字典』では上記の意味を①とし、次に「国（日本固有の意味）」マークつきで「②相手の出方や事件に対する方策。」とあり、角川『新字源』でも上記の意味の①に続いて「②相手の態度や術策に応じて立てる方策。③ある事件に対する方策。」とある。

『広辞苑』では、

①相手の態度や事件の状況に応じてとる方策。

②（策（木の札）に書かれた問題にこたえる意）古代中国や律令制下の官吏採用のための論文試験で、課題に答えて漢文の作文を提出すること、またその答案。

とある。

ところで、これらの辞書で用いられている「方策」も気になる。本来、「方策」の「方」は木の板、「策」は竹の札をいう。紙のなかった時代は方策に書いたことから、転じて記録・文書をいうのであって、『大漢和辞典』にはこの意味だけが書かれてある。しかし、『新字源』『漢字典』では、第二義として「国」マークつきで「はかりごと、手段」とあり、『広辞苑』も同様である。

現在、われわれが用いている「対策」は「あることに対応して行なう手段」の意味の日本語であって、漢代以来の意味から遠く離れてしまった。語釈の中に用いられた「方策」もまた本来の意味から離れた日本語である。

一方、現代中国語でも「対策」は「地震対策」「公害対策」などと「応付的方法」の意味で用いられている。これはおそらく近代以後の日本の使用例に基づくものであろう。

【人間】じんかん／にんげん

「人間」と書いてあれば、日本人ならほぼ全員が「にんげん」と読み、人の意味であるというであろう。しかし、この語はもとは「じんかん」と読み、世間と同義の語なのである。「人間《じんかん》」の使用例で有名なのは李白の「山中問答」の詩である。

余に問ふ　何の意ぞ碧山に棲むと　問余何意棲碧山
笑って答へず　心自《おのづか》ら閑なり　笑而不答心自閑
桃花流水窅然《ようぜん》として去り　桃花流水窅然去
別に天地の人間《じんかん》に非ざる有り　別有天地非人間

最後の句は、人間すなわち俗人の世界とは違う別の天地があるという意味である。

さて、日本倫理学の父ともいうべき和辻哲郎は、『人間の学としての倫理学』（岩波文庫）第一章において、倫理学とは「人間関係・従って人間の共同態の根柢たる秩序・道理を明らかにしようとする学問」であるとし、さらに「人間」という言葉の意味について語っている。

和辻は「人間」と「人」が同じ意味に用いられていることに言及する。字書『言海』には、人間とは「よのなか」「世間」を意味し、「俗に誤って人の意となった」とある。しかし、「誤って」というのは「数世紀にわたる日本人の歴史的生活において、無自覚的にではあるがしかも人間に対する直接の理解にもとづいて、社会的に起こった事件」なのであるとし、「人が人間関係においてのみ初めて人であり、従って人としてはすでにその全体性を、すなわち人間関係を現している、と見てよいならば、人間が人の意に解されるのもまた正しいのである」という。

さらに和辻はいう。「かかる（人間が人の意味になる）転用はシナにおいては決して起こらなかった。人間とはあくまでも世間、人の世であって、人ではない。別有天地非人間（「別に天地の人間に非ざる有り」李白）と言われる場合の「人間」は明らかに人間社会である。ここでは別天地が人の世のものでないとして示されている。人間行路難（「人間、行路難し」蘇軾）とは人間社会における世渡りのむずかしさであり、人間万事塞翁馬とは歴史的社会的なる出来事の予測し難いことをいう。仏教の漢訳経典も厳密にこの用法を守っている」と。たとえば輪廻転生する世界の中の「人間」は人の世界の意味なのである。和辻は、シナ語の「人間」を学び取った日本人も、初めはその用法を守ってきたという。「人間の人」という用例もある。謡曲「綾鼓」では「世の中は人間万事塞翁が馬」というように、世の中と人間を等置している。

そして、日本では仏教の六道輪廻の思想の広まりの過程で、畜生界の住者たる畜生と、人間の住者たる人が対比されるうちに、畜生に対して人間（＝人）という言い方が生じてきたと考え、狂言

「こんくわい」で狐に「人間とはいふものはあどないものぢゃ」と言わしめているのを適例としてあげている。

　人と人間が同じ意味で用いられていることは、人間は人と人との間の関係を無くして存在しないものであるという和辻倫理学の根幹を物語るのに格好の材料を提供しているのである。さすが和辻先生、和漢の書物から的確な例を引いて、人間が人と同じ意味になった経緯を論じておられる。

　和辻先生は「人間」の読み方には触れておられないが、世の中の意味の「人間」が漢音の「じんかん」で、人の意味の「人間」が呉音の「にんげん」であるのも、後者が仏教に由来することからうなずける（仏教語は多く呉音で読まれる）。

【青山】せいざん

「人間」(↓一八三頁)を読んだ息子が、「人間《じんかん》」を初めて知ったのは高校で「人間到《じんかんいた》るところ青山《せいざん》あり」を習った時だという。そういえば、このことばのほうが人口に膾炙《かいしゃ》しているかもしれない。しかし、「にんげん」と読むものだと思っている人も少なくはなさそうだ。

「青山」は字の通り、樹木が青々と茂っている山をいう。

天門山を望む　　　李白

天門中断《てんもんちゅうだん》して楚江《そこう》開《ひら》く
碧水東《へきすいひがし》に流《なが》れ北《きた》に至《いた》って回《めぐ》る
両岸《りょうがん》の青山相対《せいざんあいたい》して出《い》づ
孤帆一片日辺《こはんいっぺんじっぺん》より来《き》たる

望天門山

天門中断楚江開
碧水東流至北回
両岸青山相対出
孤帆一片日辺来

さて、北宋の蘇軾《そしょく》(蘇東坡《そとうば》)の詩集『東坡先生詩』巻二十二に「御史台獄《ぎょしだいごく》に繫《つな》がれ子由に云ふ二首」がある。蘇軾は王安石の新法に反対した旧法党の主要人物で、新法党が政権を握るたびに投獄されたり僻地に流されたりした。御史台というのは官吏の不正を暴く役所。ここに捕らえられたと

き、弟の蘇轍《そてつ》（字は子由）に送った詩である。この詩（七言律詩）の第一首の第三連（第五・六句）に

是処の青山《せいざん》　骨《ほね》を蔵《ぞう》すべし　　是処青山可蔵骨
他年《たねん》の夜雨《やう》　独《ひと》り神《しん》を傷《いた》まん　　他年夜雨独傷神

とある。故郷でもないここの青山にも骨を埋める覚悟はある。後年、夜の雨だけが私の霊を悲しんでくれることになっても。

こうして青山は墓地という意味を合わせ持つようになった。

「人間到るところ青山あり」は次の詩に由来する。

壁に題する詩　釈月性《げっしょう》　　題壁詩

男児《だんじ》　志《こころざし》を立て郷関《ごうかん》を出《い》づ　　男児立志出郷関
学《がく》　若《も》し成らざれば死すとも還《かへ》らず　　学若不成死不還
骨を埋《うず》むるに何《なん》ぞ墳墓《ふんぼ》の地を期《き》せん　　埋骨何期墳墓地
人間《じんかん》　到《いた》る処《ところ》青山《せいざん》有り　　人間到処有青山

志を立てて故郷を出たら、学問を成すまでは帰らない。成しえなければ異境の地で死ぬのも覚悟

である。骨を埋めるのは故郷の墓地とは限らない。世の中、どこにでも骨を埋める青山があるのだから。

作者の月性は日本の幕末の詩僧であるが、この詩は彼の作ではないという説もある。ちなみに東京の青山《あおやま》という地名は美濃郡上《みのぐじょう》の青山氏の邸があったことによる（『広辞苑』）。青山墓地というのは偶然にしてはできすぎの感がある。

【哲学】てつがく

よく知られているように、「哲学」ということばは「宗教」などと同様に日本製である。英語のPhilosophyは古代ギリシャ語のPhilosophiaをそのまま移したもので、これは「philein（愛する）という動詞とsophia（知恵ないし知識）という名詞を組み合わせてつくられた合成語であり、『知を愛すること』つまり『愛知』という意味」である。

カギカッコ内は木田元先生の『反哲学入門』冒頭から写したもの。ついでながら、この『反哲学入門』はたいへんおもしろい。近年、新潮文庫からも出た。

西周《にしあまね》は江戸末期の「蕃書調所《ばんしょしらべしょ》」で日本最初の哲学の講義をしたときには、Philosophyを「希哲《きてつ》学《がく》」と訳した。西周はphilosophyの意味を、北宋の儒学者周敦頤《しゅうとんい》が『通書』の中で「士希賢（士は賢を希《ねが》ふ）」といっている「希賢」と同じだろうと考え、しかし「希賢学」では儒教色が強いから「希哲学」とした。その後、オランダ留学ののち、明治になってからどういうわけか「希」の字を削って「哲学」にした。もとの意味の「愛」の部分が消えてしまったことになる。ここも木田先生の受け売り。木田先生は「希哲学」では語呂が悪くて、面倒くさいから「哲学」にしたんでしょう、と述べておられる。

ついでながらsophiaは「上知（智）」と訳されることがある。この「上知」は『論語』に拠《よ》る。陽貨篇に孔子のことばとして「唯《た》だ上知《じょうち》と下愚《かぐ》は移らず」とある。誰でも後天的な習いによってよくも悪くもなるものだが、とびきりの賢い者と愚か者は移ることはないという意味。

さて、「希哲学」でなくて「哲学」だからこそ一般の耳にもなじみやすかったといえるだろうが、もし「愛知学」になっていたら、今の「哲学」のもつ、なにやら深淵でむずかしそうなイメージは生まれなかっただろう。日本では「愛国」を「愛の国」と読ませることもあるくらいだから（かつて「幸福」から「愛国」への国鉄切符がブームになったことがある）、「愛の知識の学」と勘違いされないとも限らない。

「愛知」と聞くと愛知県を思いおこす。愛知県の「愛知」の由来は何だろう。愛知県の公式ホームページによると（http://www.pref.aichi.jp/）、

「あいち」の地名は、万葉集巻三の高市黒人の歌「桜田へ鶴鳴き渡る年魚市潟《あゆちがた》潮干にけらし鶴鳴き渡る」に詠まれている「年魚市潟《あゆちがた》」に由来するといわれ、「あゆち」が「あいち」に転じたと言われています。廃藩置県後、県庁が愛知郡の名古屋城内に置かれたところから県名に採用されました。

とある。「あゆち」から転化した「あいち」という和語に漢字があてはめられたということらし

い。

さて、もうひとつの「愛知」がある。東海道新幹線で滋賀県内を通っているとき、車窓から「滋賀県立愛知高等学校」という学校があるのが見える。この「愛知」は「えち」と読む。二〇〇九年に創立百周年を迎えた古い学校で、前身の女学校が大正一一年から「愛知」を名乗っていて、昭和二三年に県立愛知高等学校になった。住所は愛知郡愛荘町愛知川とある。愛の字だらけの住所だが、「愛知」の名は愛知川《えちがわ》に由来し、中山道愛知川宿として栄えた。愛荘町は二〇〇六年の「平成の大合併」で愛知川町と秦荘町がくっついてできたから新しい。こっちは「あいしょう」と読むのだが、そう読んでしまうと大合併の大弊害というべき由来不明の町名になる。

中山道の愛知川宿は、歌川広重・渓斎英泉合作の「木曽街道六拾九次」の中では「恵智川」となっている（これは広重の作品。中山道広重美術館のホームページで絵を見ることができる）。『太平記』に愛知川の名が見られるそうだが（未見）、江戸時代に宿場の名として恵智川になっていたのかもしれない。たとえば愛知県の知立《ちりゅう》は、古くから知立・智立と書かれていたが、江戸時代に東海道の宿としては「池鯉鮒《ちりふ》」と名付けられていたのと同じように。

「愛知」というい かにも理知的造語風の漢語的地名がどちらも和語の音に当てたものであったことは意表を突かれたようでおもしろい、と思うのは筆者だけだろうか。

【筋】すじ

子供の頃、痩せた人を「ほねかわすじえもん」といったものだ。漢字で書くと「骨皮筋右衛門」となるのであろう。骨と皮と筋だけで肉がないということだ。この「筋」は何を指すのだろう。

『広辞苑』で「すじ（筋）」を調べると実に多くの意味が並んでいるが、大きく分けて①筋肉②細長く一続きになっているもの③一続きの関係、となる。「骨皮筋右衛門」の「筋」は①の筋肉に当てはまるのであるが、ほかにもからだ関係では「鼻筋」「青筋（血管のこと）」があり、こちらはどちらも②に当てられている。

しかし、痩せた男性をいう「すじえもん」や「すじお」の「すじ」を単に筋肉に置き換えると、筋肉隆々たる「キン肉マン」のイメージになってしまう。語感の持つイメージは、本来の意味とは離れてしまうことがあるようだ。

さて、「筋」の②に分類される意味として、道や道路がある。大阪市内中心部では東西の道を「通り」といい、南北の道を「筋」という。ニューヨークでは東西をstreet、南北をavenueというそうだが、同じように呼び名を分けているのである。本町通り、中央通りは東西の道、御堂筋、堺筋、四ツ橋筋などは南北の道である。

大阪は西に海があって、江戸時代にはそこから船が川や運河を東にさかのぼり、市中の川岸に立つ蔵に荷物を上げた。したがって、川沿いに大きな道ができ、人馬の行き交いが盛んであった。これが通りであって東西に伸びている。今も残る古い商家の表口は東西の通りに面しているが、これは大阪における物流が水運によるものであった名残りである。

筋はもともとは通りと通りを南北に結ぶ脇道、小路を指した。明治以後、人や物の流れは南北に変わり、キタとミナミを結ぶ幹線道路として御堂筋が大幅に拡張され、平行するいくつもの「筋」が整備された。その下に掘られた地下鉄も「筋」名で呼ばれるようになった。こうして、今や大阪の「筋」は大きな道路となっている。

大阪の中心地船場では、東西の「通り」を挟んで町が成立し、今でも「平野町」「安土町」「瓦町」などは町名でもあり「通り」の名でもある。ところが、船場を離れた地では南北の路が町を形成することもあった。

今の大阪ミナミの繁華街の中心には八幡筋や三津寺筋などの東西の「筋」があって、御堂筋や心斎橋筋などの南北の「筋」と直交している。このあたりは畳屋町、笠屋町、玉屋町などの町で、一本の南北の道を挟んだ両側で町を形作っていた。ここに住む人たちは町を東西に結ぶ脇道を八幡筋や三津寺筋などと呼んだのである。

また、こんな資料もあるそうだ。安政五年（一八五八）に出された大坂の書店の本の奥付に、書店の住所が「心斎橋通塩町筋西北角」となっている。ふつうならば「心斎橋筋塩屋町通」となるはずである。そこで、ふと思い出したのは京都の地名表記である。京都市内中心部では町名とは別に、どの通りとどの通りの角であるかを重ねて表記することが多い。そのとき、今歩いてきた道を先に書くのである。「四条河原町」は四条通りを歩いて来て河原町にぶつかったところ、四条通りは東西の道なので、そのあとに「上ル」とあれば北に曲がって河原町通りに入っていく。「河原町四条」は逆に南北の河原町通りを歩いてきて四条通りにぶつかったところ。そのあとには「東入ル」か「西入ル」がついていれば四条通に入っていくことになる。

今では京都市内だけになったこの表記方法が、あるいは江戸時代の大坂にも一部の人の間で使われていたのかもしれない。そして、この頃には心斎橋筋が大通りになっていて、塩屋町が小道になっていたのかもしれない。この大坂の本屋さんは大通りの心斎橋「通り」を通ってきて、脇道の塩町「筋」を西に曲がった北側ですと書いているのではないだろうか。

（この項は大阪市教育委員会発行『いちょう並木』二〇一〇年一〇月号の橋爪節也著「おおさかKEYわーど」第七回を参考にした。）

【小学】しょうがく

たとえば『京都大学人文科学研究所漢籍分類目録』『東京大学東洋文化研究所漢籍分類目録』などの漢籍分類目録では、漢籍を「経・史・子・集」の四部に分類している。その中の経部（経書の部）の最後には小学類として「訓詁」「説文」「各体字書」「音韻」「目録叢刻」の属の書物が収められている。つまり、文字の作りやその意味、発音などの文字学分野を「小学」といい、これは経書の部に入っているということになる。なぜ、文字学を小学というのか、またそれが経部に含まれるのか。

そもそも小学というのは学校の名称であって、大学とともに古く『礼記』に現れている。『礼記』王制篇には、

天子《てんし》これに教《をし》えを命じ、然《しか》る後《のち》に学《がく》を為す。小学《しょうがく》は公宮《こうきゅう》の南の左に在り、大学《だいがく》は郊《こう》に在り。

とある。さらに王制篇には次のような記述がある。

有虞氏《ゆうぐ》、国老《こくろう》を上庠《じょうしょう》に養《やしな》ひ、庶老《しょろう》を下庠《かしょう》に養ふ。夏后氏《かこうし》、国老を東序《とうじょ》に養ひ、庶老を西序《せいじょ》に養ふ。殷人《いんびと》、国老を右学《ゆうがく》に養ひ、庶老《しょろう》を左学《さがく》に養ふ。周人《しゅうひと》、国老を東膠《とうこう》に養ひ、庶老を虞庠《ぐしょう》に養ふ。虞庠は国の西郊《せいこう》に在り。

ここの注に「みな学の名なり。異なるは、四代相変ずるのみ」とあり、また「上庠・右学は大学なり」、「下庠・左学は小学なり」、「東序・東膠また大学なり」「西序・虞庠また小学なり」とある。つまり、国に大学と小学があって、時代によって名称が異なるということになる。これを整理すると、次表のようになる。

時代	有虞氏（舜）		夏后氏（夏）		殷代		周代	
学校名	上庠	下庠	東序	西序	右学	左学	東膠	虞庠
種類	大学	小学	大学	小学	大学	小学	大学	小学

もっとも、これらは文献上の存在で、この通りの学校が実在したという証拠はない。入学年齢については、小学に八または九歳、大学に十五歳、あるいは小学に十三歳、大学に二十歳などと諸説がある。

小学では、小道・小節・小芸、つまり道徳や礼節や学問の基礎を学ぶとされた。具体的には礼・

楽・射（弓を射ること）・御（馬車を操縦すること）・書・数というわゆる六芸《りくげい》（知識人の教養科目）の基礎を「小学」と呼んだ。

ところが、漢代になって「小学」の中身は文字学に変わる。『漢書』芸文志には「小学十家三十五篇」として文字学の書を収めているが、そこには次の一文がある。

古《いにしへ》は、八歳にして小学に入る。故に周官保氏、国子を養ふを掌《つかさど》り、これに六書《りくしょ》を教ふ。象形・象事・象意・象声・転注・仮借と謂《い》ふは、字を造るの本なり。

ここでいう「六書」とは漢字の構成や字義に関する原理で、後漢・許慎の『説文解字』叙では象形・指事・形声・会意・転注・仮借とされているが、同じものである。

つまり、漢以後、「小学」は文字学を指すことになり、それは経書を学ぶ基本とされたから、冒頭にあげたように漢籍目録では経部に小学類が入っているのである。

この背景には、漢代における儒学のあり方がある。漢代においては儒学とは経書を学ぶことであり、その学問方法は訓詁《くんこ》学（字句の意味の解釈学）であった。そのため、文字学が学問の基礎として重要視されるようになった。「小学」が、知識人になるための教養科目から、経学研究の基礎学である文字学に変化したのはそういうわけであろう。儒学とは経学、経学研究は訓詁学という流れは、宋代に朱子が登場してくるまで主流であったのである。

朱子の登場は「小学」の中身も変えてしまった。その名もずばり『小学』という書物がある。これは朱子の著述として知られてきたが、実は朱子の門人の劉子澄《りゅうしちょう》が師の教えを受けて著した書である。この書には朱子の「小学に題す」がついていて、こう書かれてある。

古《いにしへ》は小学、人に教うるに灑掃応対進退《さいそうおうたいしんたい》の節、親を愛し長を敬ひ師を隆《たか》くし友に親しむ道を以てす。皆《み》な身を修め家を斉《ととの》へ国を治め天下を平らかにするの本《もと》たる所以《ゆゑん》なり。

昔、「小学」では、掃除や客の応対、立ち居ふるまいといった礼節や、親を愛し年長者を敬い師を尊び友人と仲良くすることを教えた。どれも、「身を修め家を斉へ国を治め天下を平らかにする」ことの基本であるからである、という。

これは『大学』に出てくることばである。つまり、朱子は、昔の「大学」で学ぶことが書いてあるのが『大学』であり、その基本となることを学ぶのが「小学」で、そこで学べきものとして『小学』という書を考えたのであって、内容もこれに即したものになっている。

というわけで、題名に「小学」がつく書物には、文字に関する書(『小学鉤沈』など)と、朱子学の『小学』に関する書(『小学集注』など)、初学者向けの書の意味のもの(『小学紺珠』など)があるのである。

【御】ぎょ・ご／おん・み

「御」は、君主のそばにはべってその用をたすこと、またその人（近臣）を指したが、馬をあやつって歩を進める「馭《ぎょ》」に通じて、馬を使う、車を進める、進めるの意が加わった。「制御」など、ふせぐという意味で用いられることもあるが、この「御」は本来は「禦」である。

一方、「御」は天子の行いや持ち物につける敬語としても用いられる。「御衣《ぎょい》」は天子の衣服、「御苑《ぎょえん》」は天子の庭、「御筆《ぎょひつ》」は天子の書いた書画、「御製《ぎょせい》」は天子の作った文章や詩歌や音曲をいう。

天子が自ら書物に注することを「御注《ぎょちゅう》」という。『御注孝経』とは唐の玄宗が注を書いた『孝経』のことである。

『太平御覧《たいへいぎょらん》』は北宋・太宗の勅命によって編まれた類書（多くの書物の中からことがらや語句を集め、分類し編集した一種の百科全書）であるが、はじめは『太平編類《へんるい》』といった。これを太宗が読んで、『太平御覧』と名を改めた。「御覧」は天子が読むことである。

日本では天子に限定した用法ももちろんあって、その場合は「ぎょ」と読むが、「ご」や「おん」「み」と読んで一般的な尊敬・敬意を示すことばとして用いることが多い。御衣《おんぞ》もお召し物という意味で用いられ、御覧《ごらん》は見るの敬語となった。御礼・御挨拶・御結婚・御誕生とあっても天子の礼や挨拶や結婚や誕生とは誰も思わない。御社《おんしゃ》や御意向などと「御」を多用する日本人の書状を、古典の知識を持つ中国人が見たら驚くであろう。

また、丁寧語である「お」に「御」の字を当てたから、御食事・御箸・御茶というように身の回りに「御」のオンパレードというありさまになった。

ある会合への出席依頼状が来たとする。文面には「御多忙中のところ御出席を賜りたい」というふうに「御」の字が並ぶ。出欠の返信はがきには「御出席・御欠席」とあり、差出人の欄には「御住所・御氏名・御勤務先」などとある。返事を出すときはこの「御」を小筆の軸の端に墨をつけてポンと押して（要するに○で）消せと教わった。私は墨を使わないから、ボールペンでグルグルと○を書いて消している。

「御前《ぎょぜん》」という語は天子のいるところ、あるいは天子の近くにはべることであったのが、日本では貴人そのひとをいう「ごぜん」となり、「母御前」のように貴婦人を指す敬語、また「静御前」のように婦人の敬称ともなった。やがて「おまえ」という目上を指す二人称代名詞となり、今では主に男性が同等あるいは目下《めした》を指して用いる語となったという流れの中には、日本独自の語彙変化のルールが隠されているのだろう。

#【沖】おき

筆者の旧姓は沖《おき》という。どこにでもある姓ではないが、珍しいというものでもない。筆者が親戚以外に実際に出会った沖姓は三例である。その一、学生のとき、教育実習に行った中学校に沖先生がおられた。その二、実家の近所に某社の社宅が建ち、そこに沖さん一家が入居された。郵便物がよく我が実家に紛れ込み、母は届けに行ってその沖さんと知り合った。その三、筆者の息子の小学校の同級に沖君がいた（その二の沖さんとは無関係である）。

その一の沖先生には出身地を聞く機会がなかったが、その二とその三の沖さんはどちらも和歌山県出身であった。沖電気株式会社の創業者沖牙太郎氏は、同社サイトによると広島県出身である。筆者の父方の出身地は石川県松任であるから、この少数の例からも一箇所に限定した姓ではなさそうだ。昔、父が仕事で秋田に行ったとき、ある人と名刺交換したら同姓だった。先方はたいそう驚いて、この姓は自分の家だけだと思っていたと言ったという。秋田では珍しい姓だったようだ。

沖を「おき」と読むのは国訓、すなわち日本固有の意味である。ふつうは海や湖や川の岸から遠く離れたところを呼ぶ。また、村から遠い野のことをもいう。地方によっては田の畦から離れたところを「おき」と呼ぶこともあるそうだから、この場合は姓としては田中と同じになるのではないだろうか。語源的には「おく(奥)」と通じる。「澳」も国訓では「おき」と読む。

漢字の沖の意味はまったく異なる。『大漢和辞典』には、①わきうごく、②むなしい、③なか、④ふかい、⑤やわらぐ、⑥ととのう、⑦いたる、⑧のぼる、⑨いとけない、⑩わりこむ、⑪深く広いさま、などとある。もちろん、どれにも古典の使用例がある。

『老子』四十二章に「沖気以て和を為す」がある。この「沖気」はふつう天地間の調和した根本の気と解釈されている。沖は空虚の意なので、現在の「空気」の語も「沖気」を基にして生まれたのかもしれない。

『老子』と同じ道家思想の書物に『列子』があるが、唐の玄宗がこれを『沖虚真経《ちゅうきょしんきょう》』と命名した。作者とされる列子も同時に沖虚真人となり、宋代に沖虚至徳真人となった。「沖虚」はどちらの字もむなしいの意である。ただ、沖には上記⑧のように升るという意味もあるから、「虚にのぼる」とも読める。『列子』黄帝篇には、列子が老商氏《ろうしょう》を師とし伯高氏《はくこう》を友とし、この二人の術を究めつくして、「風に乗りて帰る」とあるから、「虚空にのぼる」と解することもできなくはない。

「沖人《ちゅうじん》」は幼い者の意。『書経』金縢《きんとう》篇に次の一文がある。


昔《むかし》、公《こう》　王家《おうけ》に勤労《きんろう》するも、惟《おも》ふに予沖人《われちゅうじん》にして知《し》るに及《およ》ばず。

公は周公、予は成王を指す。周公は武王の弟、成王は武王の子である。孔安国《こうあんこく》の伝に「言ふこころは己れ童幼にして、周公の昔日の忠勤を知るに及ばず」とあるから、ここの「沖人」は幼い子供のこと。この文は、昔、周公が我が王家のために尽力してくれたことを、わたしは幼かったので知らなかった、という意味になる。

『書経』盤庚《ばんこう》篇下にも「予沖人」が出てくるが、ここの孔伝は「沖は童、童人、謙《けん》なり」とあり、「沖人」は幼な子のように何も知らないわたし、という謙称になる。上の金縢篇の「沖人」をこれと同じ謙称として解釈してある訳書もある。

「沖気」や「沖虚」、「沖人」や同義の「沖子」といった沖の字を用いる漢語は日本ではほとんど使われていないから、「沖」にむなしいや幼いという意味があることは知られていない。おそらく日本では早い時期に「おき」の訓ができて（サンズイに中という字形ではもっともなことである）、これが広まり、本来の字義は失われてしまったのだろう。国語辞典には「沖合」「沖アミ」「沖魚」「沖売り」「沖つ島」など、「海のおき」の意味の言葉ばかりが出ている。

中国にも沖姓はあったようで、『奇姓通』という書には明の洪武年間に沖敬という人がいたとあるらしい。しかしごくまれな奇姓には違いない。

【経】けい・きょう

経《けい》の第一義は織物の縦糸である。そこから、すじみち、つね、のりの意がでてきた。そして、物事のすじみちを示し、人ののりとなる聖人の著作を「経」、または「経書《けいしょ》」と呼んだ。その中心となるのは「五経《ごけい》」で、『易《えき》（経）』『書（経）』『詩（経）』に、礼に関する書、いわゆる三礼《さんらい》（『周《しゅ》礼《らい》』『儀礼《ぎらい》』『礼記《らいき》』）、および『春秋』をいう。もとは『楽』も含めて「六経《りっけい》」であったとされる。

『易経』は易による占いについて書かれた書。もともと『易』と呼ばれ、また周代に行われたから『周易』ともいう。易とは陰陽思想にもとづく占いで、陽をあらわす爻《こう》と陰をあらわす爻の三段がさねの組み合わせでできる八卦《はっか》を、さらに二段がさねにして六十四卦を作り、これが自然界のあらゆる状況をしめしているとする。『易経』では、それぞれの卦の名と意味するところを記してあるほか、易の理論を述べた十篇（「十翼」と呼ばれる）がある。なお、八卦は「はっけ」と読まれることが多いが「はっか」が正しい。

『書経』は堯《ぎょう》・舜《しゅん》から秦の穆公《ぼくこう》にいたる王公の事跡やことばを記したもの。『書』または『尚書』とも呼ばれる。前漢初期に発見されたという古文（秦代の文字）で書かれた『古文尚書』は、漢代の文字で書かれた『今文《きんぶん》尚書』と篇数が異なる。後世に伝えられている『古文尚書』は晋代の偽書である。

『詩経《しきょう》』は黄河流域地方で歌われていた古代歌謡集。孔子が編集したといわれるが、その真偽は別として、孔子の頃にはほぼ今の『詩経』が成立していたと思われる。諸国の民謡（国風）、宴会や儀式の歌（小雅・大雅）、宗廟祭祀の歌（頌）からなる。もともと『詩』と呼ばれていたが、後世に伝わったのが漢初の毛亨《もうきょう》という人が伝えた系統の本なので『毛詩』ともいう。

礼に関する経は三冊あり三礼というが、その一つ『周礼《しゅらい》』は『周官』ともいい、周の行政組織を記したもの。天官・地官・春官・夏官・秋官・冬官に六分されているが、冬官はもとの内容がなくなり「考工記」という別の文献が入っている。「考工記」以外の全官職が三百種を超えるほど組織規模が大きく、後世に理想化されて書かれたものと見られている。

『儀礼《ぎらい》』は周代の士（官僚）階級の冠婚葬祭などの儀式について記したもの。周公が書いたとされるが、実際は春秋時代頃から次第に書かれたとみられる。

『礼記《らいき》』は礼に関する説を集成したもので、四十九篇からなる。内容は礼に関する通論、制度、吉事、喪礼、祭祀などにわたる。宋学では『礼記』の大学篇・中庸篇を取り出して『大学』『中庸』とし、『論語』『孟子』にあわせて四書とし、五経の上に位置づけた。これがいわゆる「四書五経」である。

『春秋』は魯《ろ》の隠公《いんこう》から哀公《あいこう》にいたる一二代二四〇年の魯および諸侯の歴史を編年体で書いたも

の。春秋時代の名の由来となった。魯の史料を孔子が削定したといわれ、そこには孔子の理念が込められているという説が生まれた。そこで、その解説書すなわち『春秋公羊伝《くようでん》』『春秋穀梁伝《こくりょうでん》』『春秋左氏伝《さしでん》』が書かれた。これを春秋三伝と呼ぶ。前漢では『春秋公羊伝』が、後漢では『春秋左氏伝』が主流となった。『春秋左氏伝』(『左伝』ともいう)はすぐれた歴史文学でもある。

上記の『易経』『書経』『詩経』『周礼』『儀礼』『礼記』『春秋公羊伝』『春秋穀梁伝』『春秋左氏伝』が早くから九経と呼ばれていたが、それに『孝経』(孔子と曾子の問答体で孝について述べた書)と『論語』を加えて十一経とし、唐代では『爾雅《じが》』(字書の一種。古典用語の解説集)を加えて十二経となり、さらに宋代に『孟子』を加え、すべて十三経《じゅうさんけい》を経書として扱うことになった。

筆者が大学で中国哲学を専攻することになったとき、まず購入したのが、十三経に注《ちゅう》と疏《そ》(注の注)を加えた『十三経注疏』であった。これを我々は「チュウソ」と呼んだ。毎年、そのうちの一、二経が演習のテキストになったので、登校する日はいつも持ち歩いた(今ならコピーを持ち歩くであろうが)。したがって当時の『注疏』は今やバラバラ寸前になっているが、書き込みのあるそれらの書は、むずかしくて読めなかった思い出や、研究室の様子、恩師や仲間の顔などが詰まった我が青春の書である。

ところで、織物の縦糸である経《けい》に対して、横糸を緯《い》という。地球の北極と南極を結ぶ線を経度と呼び、経度と直行し赤道と平行をなす線を緯度というのはここから来ている。

漢代に緯書《いしょ》というものが流行した。真理は縦糸だけでは明らかにされないとして、経書をまねて多くの緯書が作られ、天人相関説に基づいた吉凶禍福や未来の予言などの神秘的な内容が書かれていた。緯書には革命思想など人心を惑わせる説も含まれていたため、六朝以降は弾圧されたが、唐に作られた『五経正義』や宋初の『太平御覧《たいへいぎょらん》』などに多くの引用が見られ、唐宋頃までは存在していたと考えられている。

経と緯を並べた「経緯《けいい》」は、「六合を経緯す」（『淮南子《えなんじ》』本経訓《ほんけいくん》）というように、治め整えるの意味で用いられる。「事のいきさつ」という使い方は日本独自のものである。

一方、仏教が中国に伝わり、仏の教えや言行を書いたものをも「経」と訳すようになった。日本では「～経《きょう》」と呉音で読む。儒教の経《けい》を、四書五経や『詩経』などのように「きょう」と呼ぶことが多いのはなぜだろう。それらを日本が受容した当時の読み方である呉音に深くなじんでいるせいだろうか。それとも、仏典の経《きょう》が普及したから、引きずられてそうなったのだろうか。

【郊】こう

私の通った高校では、毎年二月に「断郊競走《だんこう》」、通称「断郊」が開催された。ふつうはマラソン大会とでもいう行事で、年代によってコースは違うようだが、たいてい淀川の堤防の上を走る。高校生の我々は「断郊」は世間一般に通用する言葉であると思っていて、そうでないことを大学に入ってから知った。さらに、「断郊」はクロスカントリーの訳語として旧制中学時代に名づけられたものであると知ったのは、もっと後のことであった。

確かに英和辞典ではcountryの意味として、田舎、田園、郊外とあげられている。そこで疑問が起きる。郊と郊外はどのように違うのだろうか。

『説文解字』では「国を距《へだ》つこと百里を郊と為す」とある。国というのは都のこと。都から百里離れた所を郊と呼んだ。具体的には都の城壁内を城、あるいは城内とし、城外の百里以内を郊としたということであろう。『周礼』の注では「遠郊百里、近郊五十里」とある（春官肆師《しし》）。つまり、都から五十里までが近郊、百里までが遠郊となる。ただし、中国古代の一里は日本の一里より短く、ほぼ四〇〇メートルである。

『詩経』魯頌駉《ろしょうけい》の詩句「坰《けい》の野に在り」の伝に

坰《けい》は遠野なり。邑外《ゆうがい》を郊《こう》と曰《い》ひ、郊外《こうがい》を野《や》と曰ひ、野外《やがい》を林《りん》と曰ひ、林外《りんがい》を坰《けい》と曰ふ。

とあり、邑の外、すなわち集落のあるところの外を郊といい、さらに郊の外を野というらしい。すると、郊は町に近いところ、郊外はその外ということになる。

戦前、阪急電鉄が日本で初めて分譲住宅を「郊外住宅」として売り出した頃、分譲地の大阪府池田市室町は文字通りの郊外であっただろう。いまや、大阪中心から町が連なり、町と郊、郊と郊外の区別も定かではなくなった。わが「断郊」も、堤防から町並みを見下ろしながら走ることとなり、実態はクロスタウンになっている。

さて、古代中国の天子は郊で天地を祭った。冬至の日に天子自ら南郊に出かけて天を祭り、夏至の日に北郊で地を祭った。これを郊祭《こうさい》、あるいは郊祀《こうし》という。

北京に現存する天壇《てんだん》は、清朝の皇帝が天を祭った祭壇の遺跡で、確かに故宮（紫禁城）の南にある。その間の距離は二、三キロ程度で、古代中国風にいえば五、六里といったところ。城壁より外であれば郊だったのである。故宮の城壁の跡は、現在の地下鉄二号線の路線になっている。

【出世】しゅっせ

最近の卒業式では歌われなくなったが、一昔前の卒業生の歌といえば「仰げば尊し」が定番であった。この歌の二番は次の通りである。

互《たがい》に睦《むつ》みし、日ごろの恩。
別るるのちにも、やよ　忘るな。
身を立て名を揚《あ》げ、やよ　励めよ。
今こそ　別れめ、いざさらば。

この中の「身を立て名を揚げ」は、『孝経』に基づく。『孝経』開宗明義章《かいそうめいぎ》には、孝行の始めと終りを次のように述べている。

身体髪膚《しんたいはっぷ》、これを父母に受く。敢《あ》へて毀傷《きしょう》せざるは、孝の始めなり。
身を立て道を行ひ、名を後世《こうせい》に揚《あ》げて、以《もっ》て父母を顕《あき》らかにするは、孝の終りなり。

前段はよく知られている。この身も四肢も髪も皮膚も、すべて父母から受けたものであるから、傷つけないようにすることが孝行の始まりであるという。仏教が中国に普及する際、剃髪することがネックになったのは、この『孝経』の言葉による。

後段は、身を立てて正しい道を行い、その名を後世に高め、そのことで父母を顕彰することが孝行の最終形態であるという。つまり、「立身揚名《りっしんようめい》」が目標とされたのであって、「仰げば尊し」の歌詞にも取り込まれたのであった。

ところが、いまや「立身揚名」を知る人はほとんどいないだろう。「立身」とくれば「出世」となる。では「出世」という語の出自は何であろうか。文字通り「世に生まれ出る」という用例もあるが、おおむね仏教語として用いられてきた言葉なのである。

まず『広辞苑』にはどう書いてあるだろうか。

①[仏教語](ア)諸仏が衆生済度《しゅじょうさいど》のため世界に出現すること。
(イ)世俗を棄てて仏道に入ること。また、その人。出世間。出家。僧侶。
(ウ)叡山で、公卿の子息が受戒・剃髪して僧となったもの。
(エ)禅宗で、寺院の住持となること、高位の寺に転住すること、黄衣・紫衣を賜ること、和尚の位階を受けることなどをいう。
②この世に生まれ出ること。出生。

③（出世①（ウ）が特に昇進が早かったところからいう）世の中に出て立派な地位・身分となること。

①（ア）の場合は、仏が「世（間）に出る」という意味になる。（イ）は人が「世（間）を出る」こと。世間を出るとは、俗世を棄てて仏門に入ることであり、家を棄てる「出家」と同じである。このときから「姓」を棄てて、釈迦と同じ「釈」や「沙門」を名乗る。（ウ）（エ）は（イ）から派生した意味であるが、そのうちの（ウ）から高い地位や身分になる意味が出たとある。

『日本国語大辞典』では『広辞苑』とほぼ同じであるが、上の①（エ）を詳述するように「禅宗寺院の住持となること。また特に公家の奏達によって、紫衣を賜わり、師号を受け、あるいは勅宣を蒙って官寺の住持となることをいう」とし、「立身出世の観念はここから生まれたもの」という。つまり、「立身出世」の意味を『広辞苑』が叡山の僧侶になった公家の子息を由来にしているのに対し、『日本国語大辞典』では禅宗寺院の僧侶の栄進から来ているというところが違うのである。

仏教語辞典ではどう述べているだろうか。『望月仏教大辞典』では「(諸仏が）世に出現するの意」としたあと、「後世本邦においては、転じて堂上の子息の出家して妻帯せざるものを称し、又僧侶の高位顕官に昇り、或は大寺に晋董するを称するに至れり。俗に身を立て名を顕すを名づけて出世となせるは、亦此の意の転じたるなり」とある。

中村元著『仏教語大辞典』では、

①仏が世に現れること。

②生まれること。法を体得した人が衆生教化のために世に出ること。

③世間を超出せること。出世間の略。世俗の世界から脱出すること。

④（仏教以外の）聖者が世に出現すること。

とある。どちらも、「出世」には公家の子息が出家すると早く高位を得られることを意味することがあるから、一般的な「立身出世」の意味に転じたとみなしていて、宗派の違いは述べていない。出家して僧侶になっても、そこには高位を目指して齷齪《あくせく》する僧侶の世間があったということでもある。ともあれ、「出世」は「世を出る」すなわち出家の意味から離れて、「世に出る」すなわち「世間に出ていって有名になること」を意味するようになったのである。

【杜】と

テレビのクイズ番組で「杜《もり》の都と呼ばれる市があるのは何県か」というのがあった。もちろん、これは仙台を有する宮城県であるが、テレビでは正解を述べた後で「杜は神社の森を意味する」というイラスト入りの画面を見せていた。これは親切である。「もり」と読む「杜」は「社《やしろ》」の字のしめすへん（示・ネ）を木へんに変えた国字だからである。

笹原宏之『方言漢字』によると、仙台周辺では学校や保育園の名前にも多用されているようだが、「神社のもり」というより「森より都会的」だというイメージで好まれているそうだ。また、同書によると、千葉県習志野市では地勢を表す方言に由来する「谷津《やつ》」という地名が、ニュータウン開発業者の商品名「奏《かなで》の杜《もり》」に町名を変更する動きがあるそうで、これにいたっては何とかならんかという思いになる。

漢字「杜《と》」の第一義は、「やまなし（山梨）」という山野に自生するバラ科の果樹を指す。第二義は、ふさぐという意味。「杜絶《とぜつ》」「杜門《ともん》」などと使う。

しかし、この字に出会う機会の多くは姓としてであろう。漢和辞典に並ぶ杜のつく漢語の大半は姓としての杜である。盛唐の詩人杜甫もその一人。高校や予備校で教えていた頃、李白を季白、杜甫を社甫と書く生徒が多かったから、黒板に書いて注意すると、間違える生徒が増えた。間違いのほうを憶えてしまうらしい。以来、間違いの字は言うだけにして板書しないように、あるいは早く消すように心がけている。

杜撰《ずさん》の杜も姓である。宋の杜黙《ともく》の詩が律に合わないことが多かったことから、著作に誤りが多いことや、できばえが粗末なことをいうようになった。これがよく知られる杜撰の由来であるが、別の説もある。杜には俗語で「仮」の意味があり、本物でない詩文という意味だという。

杜康《とこう》は、大昔、初めて酒を作ったという伝説の人物。そこから酒のことを杜康ということもある。曹操の「短歌行」に次の句がある。

何を以て憂ひを解かん　何以解憂
唯《た》だ杜康有るのみ　唯有杜康

日本の酒造りの職人を杜氏（とじ・とうじ）というのは、この杜康から来ている。

蜀王望帝、名は杜宇が、位を譲ったのちに他郷で亡くなり、その魂がホトトギスになったという伝説があって、杜宇や杜魄はホトトギスの別称となった。ホトトギスとして杜鵑《とけん》の語が一般的だが、これにも杜がついているのはこの伝説に基づく。鵑は鳴き声にちなむらしい。杜鵑花はツツジのこと。ホトトギスが鳴く頃に咲くからという。

【机下】きか

手紙の代わりに電子メールを送ることが多くなっている現在、ましてや手紙の宛名に添えて「机下」と書く人はずいぶんと少なくなっていることだろう。「机下」は相手の机の下まで差し出すという意味で、相手に対する敬語である。「几下」「案下」とも書く。几も案も机の意である。日本式にいうと「おそば」や「おてもと」という働きをする。

かつて手紙は文人同士でやりとりされた。文人はたいてい机の前に座っている。相手に対する敬意をその机の下を指すことで表すのである。同様の敬意表現がいくつかある。

「幕下《ばっか》」は将軍の配下、家来という意味もあるが、将軍の敬称としても用いる。将軍のおられる幕の下、すなわち幕のおそばを指して、将軍その人の敬称とする。「閣下」は立派な建物におられる方への敬称。「殿下」は宮殿にお住まいの方への敬称になる。

「陛」は階段。「陛下」は天子のおられる宮殿の階段の下という意味で、天子への敬称として用いられる。天子の宮殿の階段の下には近臣が立っている。天子にものをいう場合はこの近臣を通して言う。建物に上がる階段の下を指して、天子への敬称としたのである。

筆者が仏教系大学に勤めていた時、式典の折などに、列席の宗派管長を指す「管長猊下《げいか》」という言葉を耳にすることがあった。「猊」は仏の座席のこと。転じて高僧の座席。猊下はその席の下を指して、そこに座っておられる高僧、特に管長に対する敬称となった。

書翰《しょかん》用語としては「侍史《じし》」というのもある。本来は身分の高い人のおそばに侍する書き役をいうが、直接に手紙を差し上げることをはばかって、侍史を経て手紙を差し上げるという謙遜の意を表す。

【阿弥陀】あみだ

日本人の暮らしでは仏教由来の言葉が数多く用いられている。日本にもたらされた多くの漢訳仏典に学んだ結果である。その中には仏教から来ているということが忘れられているものも少なくない。

仏典は本来古代インドの言葉であるサンスクリット語（梵語）で書かれていた。中国で仏典を漢文に翻訳するとき、次の二つのケースが考えられた。

（一）意訳語（意味を漢字に翻訳したもの）

（二）梵語《ぼんご》音訳《おんやく》（もとの発音に近い漢字に置き換えたもの）

（一）には極楽《ごくらく》、解脱《げだつ》、供養《くよう》、輪廻《りんね》、彼岸《ひがん》などがあり、（二）には刹那《せつな》、娑婆《しゃば》、奈落《ならく》、夜叉《やしゃ》、荼毘《だび》、舎利《しゃり》などがある。

それらが日本に漢語で伝わった。（一）は仏教的な意味を持った漢語として広まったから、一般に仏教語としての認識度が高い。（二）は梵語の音を引き継ぐものではあるが、本来の意味は知られていないことが多いから、逆に仏教語であることに気づかれないようになったと思う。「シャバに出たセツナ、ナラクに落ちた」などと深い意味も無く使えそうだ。

筆者が仏教系大学にいた時のことである。卒業式で高僧でもある学長が「卒業生の皆さんはこれからシャバに出ていかれますが」と切り出した。学長はすぐに「娑婆」の意味を種明かしされたが、一瞬驚いた人も会場には多かったに違いない。

「娑婆」のように字面で仏教語と判断できるものも、真の意味が忘れられていることが多いのである。「お盆（盂蘭盆《うらぼん》）」「檀那《だんな》（旦那）」などもそうだろう。

また、仏教に由来することはわかっていても、なぜそういうのかわからないという言葉もある。おなじみの「阿弥陀《あみだ》くじ」には、なぜ「阿弥陀」が付くのだろう。これは元々籤《くじ》の線を阿弥陀の光背に似せて放射状に引いたところから来ている。今はたいてい縦に平行線を引くところから始めるから、わからなくなってしまった。

「帽子を阿弥陀に被る」というのはどういうことなのか。「阿弥陀仏が光背を背負うように、帽子を後頭部に傾けてかぶること」（『広辞苑』）なのだ。この一例は阿弥陀仏が日常的に身近にあったことを示している。

「袈裟懸《けさが》け」とは袈裟をかけるように一方の肩から斜めにもう一方のわきの下に物をかけること。最近のファッション情報では、「バッグの斜めがけ」というふうに変わってきているから、消えていく日も近いだろう。

時代劇で登場する「袈裟懸け」は「袈裟斬り」と同じで、相手の肩から斜めに脇まで斬り下げること。よほどの力がないとできないことだろうが、想像するだに恐ろしい。

「観音開き」は現在でもよく使われている。観音像を納めた厨子《ずし》の扉のように、中央から両側に開く開き戸をいう。阪神大震災の時、倒れてきたタンスの開いた観音開きの扉に支えられて、寝ている体に被害がなかったという人もいれば、開いた扉に鼻を直撃されて骨を折ってしまったという人もいる。

【勉強】べんきょう

学校に通う子供たちにとって、最も多く耳にする漢語は「勉強」ではないだろうか。日夜、親や教師から「勉強しなさい」と言われ、新年の目標に「勉強に励む」ことをあげつつも、そのうち「勉強嫌い」を公言し、なぜ遊んでばかりではいけないのかと居直る。ここでいう「勉強」とは学問に励むことであり、反対語は「遊び」になる。

「勉」はつとめる、はげむの意であり、「強」は強制する、しいるの意である。「勉強」はもともと、はげみつとめるの意味で用いられてきた。

或《ある》いは安《やす》んじてこれを行《おこ》なひ、或いは利《り》としてこれを行なひ、或いは勉強《べんきょう》してこれを行なふ。(「中庸」)

学問にはげむという限定した用法は、日本語にのみ限られている。おそらく、自分に足りないところを無理に励まして身につけるというところから、「勉強」が用いられるようになったのだろう。

ところが、学校でどのような内容を学ぶかという指針が「学習指導要領」という形で示されているように、公的には「学習」が用いられ、「勉強」という語は使われていない。教科書の中でも

「学習」はあっても「勉強」の語はまず出てこない。いうならば「勉強」は、「学習」に強制力を加えた俗語表現なのである。

教育の世界で強制はよくないことだという意識が、「勉強」を避けることになったのだろう。強制されるものではなく、みずから学び習うという自主的な「学習」を主軸にした教育が目標になっているのだ。しかし、子供たちはなかなか自主的に「学習」しない。そこで、親も教師も「勉強しなさい」と強制することになったのである。

日本語の「勉強」には、もう一つの意味がある。物の値段を無理して下げる時に用いるのである。売り手に客が「勉強して」と頼むのは「負けてちょうだい」の意であり、売り手が「しかたがない、勉強しましょう」と言うのは、やむなく値を下げて売ることを承知したのである。これも俗語といってよい。

【未央】びおう

「未」の字は「まだ」という意味で、多くは下に否定を伴う。漢文訓読では「いまだ……ず」と読む打ち消しの語である。「未来」は「いまだ来たらず」、まだ来ていないという意味である。似たことばの「将来」は「まさに来たらんとす」で、こちらのほうが「未来」より今に近い。「未」を文末に用いて疑問形を作ることもある。たとえば「寒梅著花未」（王維「雑詩三首」のうち）は「寒梅 花を著《つ》けしや、いまだしや」と読み、花をつけただろうか、まだかなという意味になる。

未央は「まだ半ばにもならない」ということから、「尽きない」というめでたい意味になり、漢代では宮殿の名につけられた。未央宮《びおうきゅう》である。唐の詩人白居易（白楽天）の「長恨歌」に「太液の芙蓉、未央の柳」と歌われている。

最近の日本で「未」の字を使う名前をよく見かけるようになった。羽仁未央《はにみお》が最初ではないかと教えてくれた人がいる。彼女が父の羽仁進監督作品「初恋地獄篇」主演で登場してきたとき、確かにその名に新奇な印象を受けた記憶がある。

未央の場合はめでたい意味のよい名前であるが、最近はどうもと首をかしげるような名に出会うことが多い。特に「未」の一字に未来という意味があるように勘違いしているとしか思えない場合がある。未晴と未和、ミハル、ミワ。未来が晴れている、未来が平和という願いを込めた名前であろうが、そうは読めない。「いまだ晴れず」と「いまだ和せず」で、ずっと雨、ずっと喧嘩ということになる。未歩と書いてマホとルビがふってある名前、命名者は「いまだ歩まず」、まだ歩かないという意味がわかっているのかいないのか。

また、単にミの音を表す万葉仮名的な使用例があり、名前の最後に未を用いるのはこれにあたるだろう。たとえば祐未ならば「たすけられしや、いまだしや」、まだ助けられてないのか、になり、来未なら「来たりしや、いまだしや」、まだ来ていないのかという意味になるとは考えもしないで命名したのであろう。

こんなことをいうといささか語弊があるかもしれないが、漢文読みの悪癖としてご容赦願いたい。ただ、これから親になる人たちには命名の際に一度は漢和辞典を引くことを忘れないでほしいと思うのである（そのために漢和辞典の使い方も知っておいてほしい）。

ついでに、最近は女の子に真央という名が見られる。大地真央という芸名を最初に見たとき、大地の真ん中というのは宝塚にしては豪快な名だと思ったものだが、浅田真央チャン以来、かわいいイメージができたようだ。

【稽古】けいこ

『ケイコとマナブ』という情報誌がある。誌名を最初に知ったとき、そのネーミングのうまさに舌を巻いた。習いごとの情報を伝えるという雑誌の目的が、そのものを意味する、あるいは連想される男女の名前に託されて、誰にもわかるようになっている。お茶やお花のおけいこ、芝居のけいこというように「けいこ」の語はよく使われるが、これを漢字で「稽古」とすぐに書ける人はそう多くはあるまい。

この「稽古」は『書経』堯典の「若稽古帝堯」という文章に由来するからずいぶん古い。注には、「若は順、稽は考なり。能《よ》く古道に順考してこれを行ふ者は帝堯《ていぎょう》なり。」とある。つまり若は順《したが》う、稽は考えるの意であって、古道（古の帝王の道）に順って考え、実行できる者は帝堯である、となる。

この注に従うと本文の「若稽古帝堯」は「古《いにしへ》に若《したが》ひ稽《かんが》ふるは帝堯なり」と読むことができる。ここから生まれた「稽古」は、昔のことがらを考えるという意味であった。

古代中国民族は尚古主義であった。古の帝王を聖人視し、その政治を理想と考えた。したがって昔の聖王のいいお手本を考え習い、その通りに実践できる人物こそ、その時代の聖人といえるのである。すなわち昔のことを考えるという「稽古」は、古の正しい道を学ぶことを意味したのである。

古を学ぶことは古の書物を学ぶこととほぼ同義になるから、「稽古」は学問や学習をする意で広く用いられるようになった。『後漢書』巻三七桓栄伝には次の一文がある。

> 栄を以て（太子）少傅と為し、賜ふに輜車《ししゃ》乗馬を以てす。栄 諸生を大会し、其の車馬印綬を陳《なら》べて曰《い》はく、今日の蒙《かう》むる所、稽古の力なり。勉めざるべけんや、と。

光武帝に認められて太子少傅に任命された桓栄は、学生たちを集め、皇帝から賜った車馬や印綬を並べて、「今日の地位はすべて稽古の力による。諸君も励みたまえ」と言った。これは桓栄が若い頃貧しかったが、「稽古」すなわち学問に勉めたおかげで今日があるということをいっているのである。

「稽古」は日本ではやがて武芸や遊芸などを習うことをいうようになったが、さらに「おけいこ」となり「ケイコ」にまでなるとは、聖王堯も予知できなかったであろう。

ことばの使い分け

【名月・明月】めいげつ

「名月」は旧暦八月十五夜の月。いわゆる「仲秋の名月」である。「明月」は曇りのない明るい月。したがって、「明月や池をめぐりて夜もすがら」であればどの月の満月の夜でも当てはまるが、「名月や池をめぐりて夜もすがら」ならば、仲秋の「名月」に限られる。
もっとも日本ではどの満月も名月と書くことが多く、中国では明月と書くことが多いといえよう。漢詩のいくつかからその例を見てみよう。

竹里館　　王維
独《ひと》り坐《ざ》す　幽篁《ゆうこう》の裏《うち》
琴《こと》を弾《だん》じ　復《ま》た長嘯《ちょうしょう》す
深林《しんりん》　人《ひと》知らず
明月《めいげつ》　来たりて相《あひ》照《て》らす

竹里館
独坐幽篁裏
弾琴復長嘯
深林人不知
明月来相照

この詩には季節を表す言葉がないから、つまり秋とはかぎらない。

月下独酌　　李白

花間一壺《かかんいっこ》の酒
独《ひと》り酌みて相親《あひした》しむもの無《な》し
杯《さかづき》を挙《あ》げて明月《めいげつ》を邀《むか》へ
影《かげ》に対《たい》して三人《さんにん》と成《な》る

「花間」で酒を飲むとあるから、季節は春。以上は「明月」であって「名月」ではない。

旧暦では毎月十五日は満月であるから、その夜を「三五夜」、その月を「三五の月」ともいう。

もちろんかけ算で三五、十五となるからである。

古詩十九首（第十七首）

孟冬《もうとう》　寒気至《かんきいた》る
北風《ほくふう》　何ぞ惨慄《さんりつ》たる
愁《うれ》ひ多《おほ》く　夜《よる》の長きを知る
仰《あふ》ぎ観《み》る　衆星《しゅうせい》の列《つら》なるを
三五《さんご》の明月《めいげつ》満《み》ち

月下独酌

花間一壺酒
独酌無相親
挙杯邀明月
対影成三人（以下略）

古詩十九首（第十七首）

孟冬寒気至
北風何惨慄
愁多知夜長
仰観衆星列
三五明月満

四五《しご》の蟾兎《せんと》缺《か》く　　四五蟾兎缺（以下略）

孟冬は初冬のことで、旧暦十月。したがって十五夜の明月は「仲秋の名月」ではない。なお、「四五」は二十日の夜、「蟾兎」は月に住むというヒキガエルとウサギのことで、月の異名。二十日の月は欠けているの意。

陶潜の体に効《なら》ふ詩（其の七）　白居易　　効陶潜体詩十六首

中秋《ちゅうしゅう》三五《さんご》の夜《よる》　　中秋三五夜

明月《めいげつ》前軒《ぜんけん》に在り　　明月在前軒（以下略）

これは、「中秋三五夜」すなわち八月十五夜の月であるのに「明月」となっている例である。

【水上、水中】すいじょう・すいちゅう

漢詩に「水上」とあれば川のほとり、岸辺をいう。南宋初期の陳与義の詩「江南春」は次のように始まる。

雨後《うご》　江上《こうじょう》の緑《みどり》　　雨後江上緑
客の悲しみ　眼に随ひて新たなり　　客悲随眼新（以下略）

「江上の緑」は長江岸辺の木々の緑を指すことはいうまでもない。雨の後、長江の岸辺の緑が眼に映える。北宋滅亡とともに南宋の都臨安《りんあん》（杭州）に移ったばかりの旅寓《りょぐう》の身には、この地で見るものすべてが悲しみを新たにする。みずみずしく美しい江南の風景も、亡国の民には悲しみの風景なのである。

同様に「湖上」は湖のほとり。北宋の蘇軾《そしょく》の詩「湖上の初め晴れて後に雨ふるに飲む」の「湖上」は西湖のほとりをいう。杭州に刺史（長官）として赴任していた蘇軾が西湖のほとりで飲んでいると、晴れていた空が雨模様になっていく。晴れたときの波の光の美しさはもとより、次第にかすんでいく様子を「雨も亦《ま》た奇《き》なり」と賞《ほ》め、有名な次の句を詠じた。

西湖を把《と》りて西子に比せんと欲すれば　欲把西湖比西子
淡粧濃抹《たんしょうのうまつ》　摠《すべ》て相宜《あひよろ》し　淡粧濃抹摠相宜（以下略）

西湖をいにしえの美女になぞらえて、晴れも雨も、すなわち薄い化粧も濃い化粧もどちらもいいものだというのである。

さて、『奥の細道』の旅で象潟《きさかた》を訪れた芭蕉は雨に遭う。「日影やゝかたぶく比《ころ》、汐風真砂を吹上、雨朦朧として鳥海の山かくる。闇中に莫作《もさく》して、雨も又奇也とせば、雨後の晴色又頼母敷《たのもしき》と」浜辺の小屋で雨の夜を過ごした明朝、朝日の中に象潟に舟をうかべる。このとき詠んだ句が、

象潟や　雨に西施《せいし》がねぶの花

である。象潟でねむの花が雨にうたれて閉じているのを見かけ、西施が目を閉じて眠っているさまにたとえた、いわゆる「見立て」の趣向の句であるが、「雨も又奇也」や西施の語から、上にあげた蘇軾の詩に触発されたことは明らかである。

「上」と同様「中」の意味にも注意が必要である。「水中」「海中」は川や海の沖を指し、水面下をいうのではない。唐の杜甫の詩「江村」には次の句がある。

自《みづか》ら去《さ》り自《みづか》ら来《き》たる梁上《りょうじょう》の燕《つばめ》　　白去白来梁上燕
相親《あひした》しみ相近《あひちか》づく水中《すいちゅう》の鷗《かもめ》　　相親相近水中鷗

てんでに行き来しているの上のツバメに対応させて、群がって泳ぐ川の中のカモメを描いている。カモメは水面上を泳いでいるのであって、潜っているのではない。

『史記』秦始皇本紀に「海中に三神山有り」とある。これは、東の海の沖に三つの神仙（仙人）のいる山（島）があるということ。その話を信じた始皇帝が徐福《じょふく》に仙薬を取りに行かせたことから、日本各地に徐福伝説ができた。実は山東半島からは蜃気楼《しんきろう》がみえるため、それを三神山と思っていたらしい。

この「海中」を海面下と受け取った昔の日本人が発想したのが、浦島太郎の竜宮城なのではないだろうか。現実を離れた夢のような仙界が、なぜわざわざ海底に設定されなければならなかったのか。その不自然さは、「海中」の読み違いと考えれば納得できる。助けた亀に連れられて行ったのは海の沖に浮かぶ島で、そこで美しい仙女たちにもてなされたとあるべきだったのだ。もっともそれでは、「鯛やヒラメの舞い踊り」の歌はできなかったわけだが。

【閣・塔】かく・とう

二〇一二年五月に開業した東京スカイツリーは、すっかり東京の名所として知れ渡ったようである。

江戸東京博物館、続いて大阪歴史博物館で「ザ・タワー　都市と塔のものがたり」という展示をしていた（二〇一二年二月二一日から七月一六日まで）。これは東京スカイツリーの開業を祝し、同時に大阪の通天閣が開業一〇〇周年を迎えたことを記念した展示である。パリからエッフェル塔の資料提供も受けた。

人は高いところに昇りたがる。厳密にいうと、高いところから下を見下ろしたがる。したがって、高い場所そのものが観光名所になる。丘陵地の見晴らしのよいところにはよく展望台が設置してある。

都市を見下ろすための人工的観光地として、日本での先駆け的なものの一つに、一八八八（明治二一）年に大阪の難波新地、現在の日本橋あたりの遊園地「有宝地」に建てられた「眺望閣」がある。木造の八角形五階建てで、地上三一メートル。当時は町並みから抜きん出た建物で、名の通りの眺望が人気になったという。近くに人出を当て込んだ古物市の「五階昼店」ができ、眺望閣がなくなってからもその地域は「五階百貨店」といわれた。三階建ての建物に大きな「五階」の看板が上がっているのを筆者も見たことがある。

翌年、これに負けじと大阪の北野茶屋町の遊園地「有楽園」内に「凌雲閣《りょううんかく》」が建てられた。木造九階建て、三九メートルの高さを誇った。一、二階は五角形、三階以上は八角形という奇妙な建物であった。現在、旧梅田東小学校体育館前に「凌雲閣跡」の石碑が建っている。当時の人は「キタの九階《くかい》、ミナミの五階」と呼んだという。パリのエッフェル塔ができたのもこの一八八九年のことである。

一八九〇（明治二三）年、東京は浅草に十二階建ての「凌雲閣《りょううんかく》」ができた。高さは五二メートルで「浅草の十二階」と親しまれたが、関東大震災で崩壊した。その後、これを模した「仁丹塔」という仁丹の宣伝建物が建ち、戦中に撤去されたが、昭和三九年に再建され、同六一年に老朽化のため取り壊されたという。こちらは中に人の入れる設備はなかった。

大阪では一九一二（大正元）年に「通天閣」が建てられた。エッフェル塔と凱旋門を模したというデザインで、高さ七五メートルは当時国内最高であった。「通天閣」の命名は儒学者藤澤南岳《ふじさわなんがく》による。一九四三（昭和一八）年、鉄材を献納するため解体され、一九五六（昭和三一）年に再建された。二〇一二年にリニューアルされたこともあって、往時をしのばせる繁盛ぶりを見せている。

さて、かつては背の高い建物を「閣」と呼んでいたことに留意されたい。「閣」は、物見をする高殿のことで、「摩天楼」の楼と同じ。背の高い立派な建物であるお役所の長官を「閣下」と呼ぶ。古雅な雰囲気があるためか、現在「閣」が使われているのは、たいていが旅館やホテル名である。

一方、towerを「塔」と訳すが、この「塔」は嘗《かつ》て寺院の塔にのみ用いられた語であった。古代インドで仏教が起こり盛んになってくると、釈迦の骨、いわゆる「仏舎利《ぶっしゃり》」の信仰も盛んになった。何万粒にも砕けた仏舎利は世界中に散らばったとされた。この仏舎利を納めるための建物を梵語でstupa（ストゥーパ）といい、三層や五層に高く造った。これを音訳して「卒塔婆《そとば》」と書き、略して「塔」といったのである。卒塔婆という言葉を書くため、その形を象って作られたのが「塔」の字である。日本では、死者の供養のために墓に立てる薄くて細長い板を卒塔婆というようになったが、この板の上部が塔の形になっているのは、本来の形の名残りである。

寺院の伽藍配置に塔が重要な位置を占めるのは、ここに仏舎利が安置されているからである。数層の、時には十層を超える高い塔が造られた。中国にも東南アジアにも塔はあるが、日本ではほかでは見られない独特の形をした三重や五重の塔が生まれた。

明治になって、The Tower of Babelを「バベルの塔」と訳し、towerが「塔」になったのではないかと思う。これは一八八二（明治一五）年に完訳された『旧約聖書』で広く知られるようになったそうだ。七年後に「エッフェル塔」が現れる。前述の「仁丹塔」はこれにならったものであろう。夏目漱石の「倫敦塔《ロンドンとう》」は一九〇五（明治三八）年に発表された。「塔」の使用例では、軍艦の「司令塔」が早いかもしれない。やがて、各地の電波塔やテレビ塔でおなじみになっていった。towerが「タワー」として知れ渡ったのは、一九五八（昭和三三）年完成の東京タワーによるといっていいだろう。今では都会にタワービルやタワーマンションが林立するようになった。

新しい東京の電波塔をタワーではなく東京スカイツリーと命名した由来は知らないが、タワーに新鮮味がなくなったからかもしれない。東京スカイツリーの中国語表記は、東京天空樹とする予定であったが、すでに中国で商標登録されていたため、東京晴空塔になったという。「塔」という言葉が生き残って、なんとなくほっとしている。

【帛・棉・綿】はく・めん・めん

われわれになじみ深い「絹」の字はキヌの糸や織物を指す字であるが、キヌ織物の総称としては「繒《そう》」の字が用いられることが多く、これと同じ意味で「帛《はく》」も用いられる。冠もくつも帯もキヌで作ったから、帛冠《はくかん》・帛履《はくり》・帛帯《はくたい》の語がある。どれも上層階級の持ち物である。

帛にはもう一つ大事な役目があった。紙のなかった頃、字を書くのに使われたのである。これを帛書《はくしょ》という。帛が高価なものであったため、帛書は高貴な人の副葬品として用いられた。

一九七三年、湖南省長沙市の馬王堆《まおうたい》漢墓から大量の帛書が発見された。前漢初期の前一六八年に造営されたこの墓からは、整理・解読の結果、『周易』『陰陽五行』など二八種の文献が見つかったのである。

馬王堆帛書の中で最も注目されたのが二種（甲本・乙本）の『老子』であった。甲本では漢の高祖劉邦《りゅうほう》の諱《いみな》を避けずに「邦」の字が用いられ、乙本では「邦」を避けて「國」に改められている。このことから、『老子』の成立が漢代以降であるとする説は成り立たなくなった。

帛書に書かれた文字は、竹簡木簡に書かれた文字と同様に、肉筆されたものであり、石に彫られた、あるいは金属に鋳造された文字とは発展のかたちがやや違う。近年の発掘によって、こうした文字が多く現れ、漢字の発展史研究にも大きな影響を与えている。

木・糸と帛を組み合わせてできた文字が棉・綿である。綿はもとはキヌの糸を表し、そこから長く連なった状態をいう字であった。今も「思いを綿綿と綴る」などと用いる。

ところが、ワタという植物はもともと中国にはなく、インドから西方を経て移入されてきた。ワタの木（棉）の実の種子を包む纖維が白くはじけて花のように見えることから、これを棉花《めんか》といい、その纖維を取りだしたものを綿というようになった。

白居易の詩に出てくるから、唐代にはかなり普及していたのであろう。「襖《おう》」はフスマではなく上着のことである。全詩をあげてみよう。

新たに綾襖を製し感を成して詠ずる有り
水波《すいは》の文襖《ぶんおう》　造りて新たに成る
綾なす軟らかき綿の匂《にほ》ひ　温かく復《ま》た軽し
晨《あした》に興きて擁《いだ》くに好く　陽に向って坐し
晩に出づるに披《かうむ》るに宜しく　雪を蹋《ふ》みて行く
鶴氅《かくしょう》は毳疏《せいそ》にして　実事無く
木棉《もくめん》は花冷たくして　虚名を得たり

新製綾襖成感而有詠
水波文襖造新成
綾軟綿匂温復軽
晨興好擁向陽坐
晩出宜披蹋雪行
鶴氅毳疏無実事
木棉花冷得虚名

宴《うたげ》は安らかに往往として　歓びは夜を侵し
臥《ふ》すこと穏やかに昏昏として　睡《ねむ》りは明《あした》に到る
百姓《ひゃくせい》多く寒くして　救ふべくも無く
一身独り煖《あたた》かくして　亦《ま》た何の情かあらん
心中に念を為す　農桑《のうそう》の苦
耳裏《じり》に聞くが如し　飢凍《きとう》の声
争ひ得ん大裘《だいきゅう》　長万丈《ちょうばんじょう》
君に与へて都《すべ》て蓋《おほ》はん　洛陽城

宴安往往歓侵夜
臥穏昏昏睡到明
百姓多寒無可救
一身独煖亦何情
心中為念農桑苦
耳裏如聞飢凍声
争得大裘長万丈
与君都蓋洛陽城

（『全唐詩』巻四五一）

綿と棉が使い分けられていることに注目したい。棉花だけでは冷たいけれど、綿入れの上着の軽く暖かいことといったら。

一方、寒い思いをしている人々に心を寄せる。とてつもなく大きな皮衣があったなら、洛陽の街を覆い尽くすのに。百官や人民の意であった「百姓」が、農民の意味で用いられていることにも留意。綿入れの衣服は贅沢品であったようだ。おそらく綿は輸入品であったのだろう。

拙い写真で申しわけないが、これは二〇〇〇年五月にチベットを旅行したときのもの。ブータンの真北に当たる江孜《ギャンツェ》という町のメインストリートの光景だが、右に集まった男性たちの真ん中には袋に入った棉花があり、それを取り引きしているのである。棉花は摘み取ったままの形であった。地元の産なのか、それともインドあたりから持ち込まれたものか、おそらく後者ではないかと思う。

江孜の町なみ

【師・士】し・し

今の日本では、師や士は職業や資格を表すのに用いられている。この二つに使い分けがあるのだろうか。新しく国家試験や資格認定を作る際にどちらを用いるかという規格があるのだろうか。ご存知の方がおられたらご教示いただきたい。

師とは、見習うべきところがあって手本となる人をいう。『論語』述而篇《じゅつじ》で孔子は次のようにいう。

我《わ》れ三人行《さんにんおこ》なへば、必ず我が師《し》を得《う》。其《そ》の善《よ》き者《もの》を択《えら》びてこれに従《したが》ふ。其の善《ぜん》ならざる者《もの》にしてこれを改《あらた》む。

三人で行動すると自分が見習うべき人が必ずいるものだ。優れた人がいたらその人に従い、そうではない人がいても、良くない所を見て我が身を直すからだ、という意である。優れた所がない人にも自分を直すという点において師と見なしているのである。

『詩経』（小雅《しょうが》・鶴鳴《かくめい》）に「他山《たざん》の石《いし》、以《もっ》て玉《ぎょく》を攻《おさ》むべし」とあるのと同じで、そうすると周りのどんな人も師となりうることになるが、これは受け入れる「我」の度量にかかっている。

また、優れた知識や技術を持っている専門家をも師という。中国古代周王朝の官制を記した『周《しゅ》礼《らい》』には官名に「師」のつくものが多い。「師氏」（地官）は王を諫め貴族の子弟を教育する官、「舞師」（地官）は軍隊に舞いを教え、これを率いて山川や社稷《しゃしょく》の祭りで舞いをさせる官、楽師（春官）は国学に学ぶ学生に舞楽を教える官で、音楽に関しては扱う範囲や専門楽器ごとに「大師」「小師」「磬《けい》師」「籥《やく》師」などがある。いずれも現代風にいうと教師の役割を果たしている。

「卜《ぼく》師」（春官）は亀の甲を焼いて占う官。火による亀裂を読み解く専門家である。以上とは少々異なる仕事として、「載師」（地官）は土地の様子から産物を決め貢ぎものと年貢を管理する官、「閭《りょ》師《し》」「県《けん》師《し》」（地官）はその地の人口や家畜数を把握して徴税を行う官である。「山師」「川師」（夏官）というのもある。これは山林や川沢の名、それらの産物を掌握し、全国に頒布させる官である。どれも高度な知識・技術を持った専門職ということになる。

一方、士は本来、知識人層の人を指す。言い換えると、文字が読み書きできる人のことである。だから、古代における弁士（遊説之士）、巌《がん》穴《けつ》之士などもこの階層出身の知識人なのである。やがて中国社会が完全な官僚社会になると、士は官僚階級を表すようになる。つまり、「士農工商」の士は官僚を指すのである。

『周礼』に士のつく官名は、夏官に「司士」、秋官に「士師」「郷士」「遂士」「県士」「方士」「訝士」「朝士」が見られる。「司士」は群臣の名簿を管理するのが職務、「士師」以下はいずれも司法官吏である。上述の師とは違い、官僚色が濃いものである。

『論語』子路篇に、士はどうあるべきかの問いに孔子が答える話がある。

子貢《しこう》問ひて曰《い》はく、何如《いか》なるをか斯《こ》れこれを士《し》と謂《い》ふべき。子《し》曰はく、己《おの》れを行《おこ》なふに恥《はぢ》有り、四方《しほう》に使《つか》ひして君命《くんめい》を辱《はづかし》めざる、士と謂《い》ふべし。曰はく、敢《あ》へて其《そ》の次《つぎ》を問ふ。曰はく、宗族《そうぞく》孝《こう》を称《しょう》し、郷党《きょうとう》弟《てい》を称す。曰はく、敢へて其の次を問ふ。曰はく、言《げん》必《かな》らず信《しん》、行《ぎょう》必らず果《か》、硜硜然《こうこうぜん》たる小人《しょうじん》なるかな。抑《そも》そも亦《ま》た以《もっ》て次と為《な》すべし。曰はく、今の政《まつりごと》に従《したが》ふ者は何如《いかん》。子曰はく、噫《ああ》、斗筲《としょう》の人《ひと》、何《なん》ぞ算《かぞ》ふるに足《た》らん。

子貢が「どのようであったら士といえますか」と聞くと、孔子は「自分の行動に恥を知り、四方に使いに出て君命を辱めなければ、士といえる」と答えた。子貢が「その次は」と聞くと、孔子は「一族の者から孝といわれ、郷里の人からは悌といわれるのが士である」と答えた。さらに子貢が「その次は」と聞くと、「言うことに偽りが無く、行いが潔い人だ。人物としては堅苦しい小人だが、次に置くことはできるだろう」。「今の政治に携わっている人はどうでしょうか」の問いに「ああ、器量が小さい人たちで、取り上げるまでもない」と答えた。ここで求められているのは、誠実で正直な官吏像である。

日本が武家社会になると、士は武士を意味するようになるから、ちょっと話はややこしくなる。余談になるが、子供の頃、一年の小の月を「西向くサムライ」と教わった。二四六九と十一のことである。十の下に一と書いてサムライと読むことも、この時知ったのである。

しかし、江戸時代になって、いわゆる幕藩体制になると、武士はお城に勤める行政官僚になるから、本来の士に近づくことになる。

師と士の本来の意味を調べてみても、冒頭にあげた疑問の答えは見つからない。少々勝手に推測してみよう。

現在、師のつく職業をあげてみると、教師、医師、薬剤師、理容師、美容師、調理師、調律師、調教師、整体師などがある。近世までさかのぼると絵師や彫物師、摺師《すりし》などが思いつく。つまり、古くからあった専門職で技術職が多く、近代以降は、あとで制度ができて資格が必要となったものもあるのが師であるといってよいのではないか。近年、看護婦を看護師、助産婦を助産師に改称したが、士ではなく師を用いるのは、自然にこのルールが働いたといってよいだろう。

士は、古くは力士、近代になっての無声映画の弁士や作家をいう文士、音楽家の楽士などの場合は「人」と同じ意で用いられているが、だんだん力士以外は見かけなくなった。弁護士、弁理士、会計士、税務士、栄養士などは近代以後に成立したもので、一見して資格取得後に与えられる名称であることがわかる。学士、修士、博士も制度上で与えられた資格である。現代では、社会の要請に応じてさまざまな資格が誕生しているが、その際には有資格者をたいてい「士」と呼んでいるようだ。

国会議員を代議士という。国民に代わって議するところから名付けられたのであろうが、国家試験などを経た資格を持っているわけではない。選挙によって選ばれたということが資格になるのだろうか。それともこの士は文士と同じく人の意味だろうか。あるいはここにだけ、古来の教養人、官吏をいう士の意識が潜んでいるのだろうか。そうだとすれば、孔子の述べた士の資格に合う人物ははたしてどれほどいるのだろう。「斗筲の人、何ぞ算ふるに足らん」の言葉が耳に響く。

【矜恃・矜持】きょうじ

自尊心が強いことをいう「矜恃」という語を「矜持」と書いてあるのを見かけるようになったので、ちょっと調べてみた。『広辞苑』第六版には「矜恃」だけが載っていて、「矜持とも書く」とある。手元のハンディな漢和辞典『新字源』(角川書店)には「矜恃」も「矜持」も載っていて、「矜持」のほうは「自分をおさえつつしむ」とあり、出典として南朝宋の鮑照《ほうしょう》の詩句「放縦少矜持」があげてある。これは鮑照の詩集『鮑氏集』巻五所収の「答客」の一句である。詩の全文は長いので対になった部分のみをあげてみよう。自らの性格を自嘲的に述べている。

愛賞好偏越　　愛賞するに偏越《へんえつ》を好み
放縦少矜持　　放縦《ほうしょう》にして矜持《きょうじ》少《すく》なし

諸橋『大漢和辞典』には「矜恃」と「矜持」は少し離れた箇所に載っている。「恃」はジ、「持」はヂと読むからである。「矜持」の用例は右の鮑照の詩である。おおよその漢和辞典の熟語の出どころである『佩文韻府《はいぶんいんぷ》』を調べてみると、もちろん両方載っている。「矜持」の用例は『晋書』王羲之伝と前にあげた鮑照の詩。

王羲之伝は次の通り。

郗鑒《ちかん》が娘婿を王導の身内から選ぼうとしたとき、王氏の若者を下見に行った者が「どの若者も立派だが［郗鑒が婿をさがしているという］噂が届いていて、みな自分をおさえて行儀よくしている(咸自矜持)。ただ一人腹ばいになってものを食べ、なにも聞いてないような者がいる」と報告した。鑒は「これこそよい婿だ」といい、会いに行くとそれが王羲之だった。そこで娘を彼にやった。

「矜持」の語が確かにあるとしても「矜恃」とは明確に意味が違うのである。『広辞苑』で「矜恃」と「矜持」を同一視しているのは明らかな間違いである。

「矜恃」とあるべきところに「矜持」と書く理由として次の二点が考えられる。

①誇りを持つことをいうことばであるから「持」を使ってしまう。

②「恃」が常用漢字になく、似ている「持」を使ってしまう。

特に②が今後の漢字の誤用に大きく関わってくる要因となるであろう。やがて置き換え文字として、「矜恃」がすべて「矜持」となる可能性もある。

藤原正彦氏の著に『日本人の矜持』(新潮文庫)がある。意味から考えると「矜恃」であろう。すでに「矜恃」は使われなくなったのだろうか。

【柿・杮】し・はい

標題の二字の区別がつくだろうか。ツクリの縦棒が前者は点と縦棒、後者は上から下までつながった縦棒になっている所が違うのだが、楷書体では全く同じに見える。どちらのツクリも音を表し、前者は「シ」、後者は「ハイ（またはフツ）」と読む。

前者の柿は果物のカキである。音読みすることは少ない。日常では「熟柿《じゅくし》」くらいか。京都嵯峨野に俳人向井去来ゆかりの「落柿舎《らくししゃ》」がある。

後者の杮は木ヘンに巿と書く字の俗字であり、木の削りくずの意である。「杮落《こけら》とし」とは工事の最後に屋根の木くずを払い落とすことから、新築の劇場の初興業をいうことばとなった。「柿《かき》落とし」と書いて「こけらおとし」と読むのだと誤解している人が少なからずおられると思う。

後者のハイ（フツ）という音符を持つ字には沛《はい》や芾《ふつ》がある。沛は水や雨がさかんに流れる（降る）さま、盛大なさまなどの意味がある。沛公《はいこう》といえば漢の高祖劉邦《りゅうほう》のこと。これは劉邦が旗揚げした地名にちなむ。

芾は小型の漢和辞典には載っていない場合もあり、ほとんど使われない字ではあるが、書に関心のある人には北宋の書家、米芾《べいふつ》の名でなじみ深い。彼は同じ「ふつ」という音の「黻」を用いて米黻と署名することも多かった。

肺の字は「はい」と読むことからわかるように、ツクリは「ハイ」であって、上から下まで一本棒で書くのが本来の字である。ところが古くからツクリを「シ」と同様に点と縦棒を別に書き、音も「し」と読むことが行われてきた。たとえば、『日本霊異記《にほんりょういき》』(平安初期の仏教説話集)では要職にあって近侍する家臣の意味で「肺脯」ということばが使われているが、これを古い訓釈では「しふ」と読んでいる。「ハイ」と「シ」の区別はむずかしかったのであろう。

常用漢字では俗字に従って、にくづきヘンに「シ」を書く字を採用しているが、「ハイ」ならば四画、「シ」ならば五画で、より簡略にするという目的に反しているし、なにより意味と音符の合成という漢字の構造を無視している。

【虫・蟲】き・ちゅう／むし

虫は大きな頭をもつヘビをかたどってできた字で、マムシを意味し、音は「き」である。マムシの意の虺《き》の原字である。部首として爬虫類や貝類、昆虫類などの小動物を表す。

蟲は昆虫類の総称で、音は「ちゅう」である。この字は昔から略して虫と書かれることがあり、現在は「むし」の意味で略字の虫を用いている。

蟲はまた動物の総称としても用いられる。『大戴礼記《だたいらいき》』易本命篇に次の一文がある。

羽有《うあ》るの蟲《ちゅう》、三百六十《さんびゃくりくじゅう》にして鳳凰《ほうおう》これが長為《ちょうた》り。毛《け》有るの蟲、三百六十にして麒麟《きりん》これが長為り。甲《こう》有るの蟲、三百六十にして神亀《しんき》これが長為り。鱗《うろこ》有るの蟲、三百六十にして蛟龍《こうりゅう》これが長為り。倮《はだか》の蟲、三百六十にして聖人これが長為り。此《こ》れ乾《けん》坤《こん》の美類《びるい》、禽獣万物《きんじゅうばんぶつ》の数《すう》なり。

「羽蟲《うちゅう》」ははねのある動物、すなわち鳥類。三百六十種あって、その長は鳳凰であるという。「毛蟲《もうちゅう》」は日本語のケムシではない。毛のある動物、すなわち獣《けもの》類をいう。これも三百六十種あって、その長は麒麟。「甲蟲《こうちゅう》」は日本ではカミキリムシやカブトムシといった昆虫類の俗称でもあるが、甲羅のある動物、すなわち亀類をいうことばでもある。その長は神に供えられ占いに用いられる神亀であるというが、これは種類ではなく用途である。「鱗蟲《りんちゅう》」はうろこのある動物、つまり魚やヘビや龍をいう。倮は裸と同じで、「裸蟲《らちゅう》」は人間。その中の長は聖人であるという。

日本語の慣用句では、「虫がいい」「虫の居所が悪い」「虫が知らせる」「虫が好かない」「泣き虫」「本の虫」「悪い虫がつく」など、いろいろな虫が登場する。具体的な昆虫になぞらえて使う「虫」もあり、感情や意識が心中の虫に引き起こされると考えたことからの用法もある。幼児が発作的に泣き出したり腹痛をおこしたりするのを「疳《かん》の虫」というが、これは寄生虫のせいであると考えられていたからである。

気に入らない人を「ナフタリン」という。そのココロは「虫が好かない」。これを知っている人はもう少数派であろう。

【篇・編】へん・へん

篇は竹かんむりに扁。編は糸へんに扁。この扁は、いた（板・版）やふだ（札）の意で、篇は竹のふだ、すなわち古代において文字を書いた竹簡のことである。そこから書物の意味になったが、巻と同様に書物の区分けに用いられることも多い。前篇・後篇や『論語』学而篇などと使う。編は文字を書いた竹簡を糸で綴じる意で、糸であむ、書物を作るの意味になった。「韋編三絶《いへんさんぜつ》」は、孔子が『易』を愛読して、なめし革の細ひもで編んだ所が三回も切れてしまったという話（『史記』孔子世家）に基づき、何度もくりかえし書物を読むことをいう。

篇と編の使い分けはあいまいで、通用されることが多い。篇は常用漢字になく編が書きかえ字になっているから、最近は特に混用されているようである。しかし、篇は一つの書き物、編は篇を編んだものだから篇の集合体、また複数の書物のまとまり、というイメージは大事にしたい。

『広辞苑』で「ちょうへん」を調べると、

ちょうへん【長篇・長編】①編章の長い詩歌・文章または小説。②長編小説の略。

ちょうへん・しょうせつ【長編小説】取材する世界が広範にわたり、構想も複雑で登場人物も多数に及び、量においても長い小説。

とあり、篇と編の本来の字義の違いと通用・混用とのはざまで揺れている実態がうかがわれる。小説に限っていえば、長さの違いで短篇と長篇に分かれるが、この篇は編と書くこともある。内容や構想において規模の大きな小説を長編小説というが、このときは編を使うということになる。ついでに、説明文中に出てくる「編章」を同書で調べると、

へんしょう【篇章・編章】詩文の篇と章。文章上、句の重なったものを章といい、章の重なったもの即ち篇をもって首尾完結する。転じて、文章、詩文。

とあって、見出しに編の字があるのに、説明文中は篇を用いている。ここは見出しも篇章のみにして、上の「ちょうへん」の説明も篇にすべきであろうが、実際に「編章」という使用例があるのかもしれない。

一冊の書物の中の区分けには、やはり篇を使いたい。学生の書くものを読むと篇名を「〇〇編」としているのによく出会う。現代日本の文学では司馬遼太郎『竜馬がゆく』が立志篇以下五篇という構成であり、五木寛之の『青春の門』も筑豊篇などから成っている。最近は篇立ての長編小説をあまり見かけないが、書きかえ字の編になっているのに出会うことはごめんこうむりたい。

【貸・借】たい・しゃく

貸と借とはどうも苦手である。もちろん実際に物（特にお金）を貸したり借りたりすることも極力避けたいが、ここでいう苦手とは、二文字の書き分けが苦手だということである。「かす」「かりる」と聞いて字に書くとき、貸か借か必ず迷ってしまう。迷ったときに頭の中で思い浮かべるのは「貸与」「借用」の二語である。これで区別をしている（熟語で字を憶えるのはオススメの方法）。

図書館で本を借りることは、図書館側からみれば貸すことになる。だから「貸し出し」カウンターにならび、「貸し出し期間は一週間」と言われたりする。利用者側からすれば「借り出し」であり「借り出し期間」である。

おおかたの公立図書館ではホームページを作っていて、たいへん親切丁寧に利用のしかたを教えてくれる。その中では、「本が借りたいときは」という利用者を主語とした文章がある一方で、図書館を主語とする「貸し出し」ということばも使われている。特に「貸し出し期間」ということばは全国共通のようである。「貸し出し」のことばに、借りたい人に「貸してやる」という前時代的姿勢が見えるというのはおおげさだろうか。公共サービスに徹して「みんなの図書館」であろうとするなら、利用者を主語とした「借り出し期間」とすべきではないだろうか。

「常用漢字表」では「貸　タイ・かす」「借　シャク・かりる」とあるから、現代日本ではこれを憶えておけばよい。しかし、「貸」の字には「かりる」の意味もあるからややこしい。魏の字書『広雅《こうが》』の「釈詁」には「貸、借也」とある。用例として『荘子《そうじ》』外物篇《がいぶつ》の次の話をあげておこう。

荘周《そうしゅう》は家貧《いへまづ》し。故《ゆゑ》に往《ゆ》きて粟《ぞく》を監河侯《かんかこう》に貸《か》る。

荘周とは荘子《そうし》のこと。貧しくて食べ物がないから、監河侯に借りに行った。ここでは「貸」を「かる」と読む。「粟《ぞく》」は穀物の総称（↓一三六頁）。監河侯は「そのうち、私の領地の税金が入ってくるはずだから、その中から金を貸してあげよう」という。今の食べ物に困っている荘周は腹を立てて、こんな話をする。

「私が昨日こちらに来る途中で、車の轍《わだち》の水たまりの中にいる鮒《ふな》から声をかけられました。鮒は『一斗か一升かの水でもいいですから、もしあれば運んできて私を救ってくださるまいか』といいました。そこで私は『私はこれから南へ行ってかの地の王のお目にかかるつもりだ。その力添えで揚子江の水をこちらに流れるようにしてあげようと思うが、どうだね』といいましたところ、鮒はひどく腹を立てて、こういいました。

吾《わ》れ我が常与《じょうよ》を失《うしな》へり。我処《よ》る所無し。吾れ斗升《としょう》の水を得れば然ち活《い》きんのみ。君

乃《すなは》ち此《これ》を言ふは、曽《かつ》て早く我枯魚《こぎょ》の肆《し》に索《もと》むるに如《し》かず。

『私はいつも離れたことのない水を失い、身のおきどころもありません。一斗一升のわずかな水でも得られたなら、それで生きることができます。あなたは、そんなのんびりしたことをいうが、その足で私を乾物屋の店先で探したほうが、よほど早手回しですよ』」。

危険や困窮のさしせまったことをいう「轍鮒之急《てっぷのきゅう》」の成語はこの話に由来する。

【弁】べん

弁理士と弁護士は今ではどちらも弁の字を用いるが、本来は辨理士と辯護士であって、ベンの字が異なるのである。両方の資格を持つ方が、名刺にちゃんと辨と辯を書き分けておられて感心したことがある。もともと意味の異なる弁・辨・辯・瓣の四種の字を弁の一字で表すようになったのはなぜだろう。複雑な文字を簡単な文字で代用したとしても、少々荒っぽいのではなかろうか。

弁はかんむりを表す。辨（本字は辧）は刀で二つに分けることから、分ける、わきまえる、おさめる。辨理は事務を処理する意味である。辯は言葉で分ける意から辯論、辯舌、辯解などに使う。瓣は花瓣（花びら）や安全瓣などに用いる。

ちなみに方言を表す関西辯などという使い方は日本固有のもの。辨当というのは面桶《メンツウ》の転化とも便利なものの意の便当から来たともいわれ（『広辞苑』）、これも日本固有の語である。

辨や辯に似た字に、編むという意の辮があり、これも弁で代用されることがある。辮髪は頭髪の一部を残して剃り落とし残した髪を長く編むというアジア北方民族の男性の髪型で、清朝をたてた満州族が漢民族に強制したことで知られる。

写真の辮髪の男性は明治二〇年（一八八七）石川県生まれの日本人。十代で中国大陸に単身渡った。この写真は二十歳頃、時は清朝最末期であった。やがて日本から進出してきた商社に通訳として採用され、郷里に一旦もどって結婚した。結婚写真には、七三に分けた短髪、口ひげを蓄えた姿で写っている。相前後して辛亥革命が起こって清朝は滅ぶ（一九一一）。夫妻は商社員として長春、漢口、上海と移り住み、その間に五人の子をもうけた。大正四年（一九一五）に長春で生まれた長男が私の父である。旧制中学受験のため一人で日本に帰っていた長男を追いかけるように、日本転勤になって一家が帰国するのは昭和の初め。満州国建国（一九三二）は五年ほどのちのことである。

辮髪

【例】れい

最近のテレビ番組では、出演者の話していることばを字幕で流すことが多くなった。聴覚障害のある人に向けて増えているというのならいい傾向なのだが、必ずしもそうではなさそうだ。バラエティー番組ではおもしろさをそれによって倍増できると思いこんでいるかのように強調された大きな文字が流れることもある。おかげで、つい漢字のまちがいを見つけてしまう。

よく見かけるのが「たとえる」のまちがいである。「彼女を動物にたとえると」のように、ほかの事物になぞらえる場合は「譬える」、あるいは「喩える」でなくてはならない。それを「例える」と書くとまちがいである。

「例」の字は、例をあげて述べる場合に「例えば」とか「例えをあげる」と使う。しかし実際は、例として事物になぞらえる、ということもあって、なかなか使い分けがむずかしい。近頃はワイドショーからニュース番組にまで、なぞらえるの意味での「例える」の使用が増えてきた。

「例える」を誤って使うのはテレビ局の人間だけではない。実は、筆者の所属する学部の広報冊子二〇〇七年版にも残念ながら見つけてしまった。こともあろうに巻頭の学部長談話の中に「文学部は例えるなら骨董屋街のようなもの」と書かれてある。もちろん、ここは「譬えるなら」あるいは「喩えるなら」でなくてはならない。取材者のミスであろう。

困ったことに「譬」も「喩」も常用漢字にない。だから、ひらがなで書いていいのである。しかし、漢字を使わなくてはならないという世間の意識が、常用漢字にある「例」を用いる傾向を生んだのであろう。この流れは止められないと思う。「例え」が「譬え」「喩え」の置き換え文字として辞書に現れる日は近いかもしれない。私はむしろ、「例」も含めてすべて「たとえば」はひらがなで書くべきだと思っている。

ついでながら、もう一つの「たとえ」がある。「たとえ火の中水の中」という「たとえ」である。この「たとえ」は「たとい」のなまったもの。漢字では「縦え」「仮使」「仮令」などと書く。字面でわかるように「かりに、もしも」の意味である。

【芸】うん

芸の字は現在の日本では「げい」と読むが、これは教育漢字が藝の字の省略形として芸を用いるからである。本来、芸は藝とは別の字であり、「うん」と読む。この芸のつくことばをいくつかあげてみよう。

○「芸閣《うんかく》」書物の所蔵庫。書斎。

「芸」は香草の名であって、紙虫《しみ》を防ぐため書物にはさむことから、書物を「芸帙《うんちつ》」や「芸編《うんぺん》」といい、その収蔵場所を「芸閣」や「芸館」という。宮中の書物をつかさどる秘書監を「芸臺」「芸署」ということもある。

奈良時代末期、石上宅嗣《いそのかみのやかつぐ》が建てた我が国最古の図書館の名は「芸亭《うんてい》」であったが、これも芸が紙虫防止の香草で、そこから書物の意に用いられるようになったことによるのである。

○「芸生《うんせい》」陰暦一一月の異名。

『礼記』月令篇の「仲冬之月」の項に、「芸《うん》始めて生ず」とあるのに基づく。注に「芸は香草」とある。この芸という香草は仲冬、すなわち一一月に生え出すのである。

○「芸芸《うんうん》」さかんなさま。多いさま。

『老子』第一六章に「かの物の芸芸たる、各《おの》おの其の根に復帰《ふくき》す」とある。これは、あらゆる生物はいかに茂り栄えても、それらがはえた根もとにもどってしまうのだという意味。ここでは「芸芸」は草木の葉の盛んに茂るイメージである。

○「**芸穫**《うんかく》」農耕をいう。

芸は耘に通じて「くさぎる」と訓じる。『論語』微子篇に「其の杖を植《た》てて芸《くさぎ》る」とある。「芸穫」は草を刈ったり収穫したり、で農耕の作業をいうのである。

芸術系大学の中で正式名称に藝の字を用いるのは東京藝術大学のみのようだ。中国の簡体字では藝は「艺」と書く。藝と乙のどちらもyiと発音するからである。台湾では藝を用いるから、中国語圏では芸の字は上記の意味の語と認識される。となると、芸術は香草術、あるいは草刈り術となるはずである。もっとも、こういう誤解は耳にしたことがない。芸《うん》の字は古典の中に埋もれてしまったといえよう。

【余】よ

「あまり」の意の余の本字は餘である。俗に餘の略字として用いられていた余を教育漢字に採用したのである。しかし、自称として用いる余はもともとから余なのである。つまり、「われ」という意味の余と「あまり」という意味の餘は別の字なのである。これが今では一緒になってしまった。

ずいぶん前になるが、ある文章の中で漢文を引用した。漢文の部分を旧字体にするよう指定したら、印刷業者が自称の余を餘にしてきた。気を利かせたつもりだったのだろう。もちろん、これは餘計なことだった。

「われ」の意では予も同じように用いる。また、我も吾も「われ」と読んで一般的な自称として使う。一方、古代中国では身分や立場によって特殊な自称が用いられた。朕《ちん》は天子が用い、寡人《かじん》は諸侯が用いた。寡人とは寡徳之人の略で、有徳であるべきなのに徳が寡《すく》ないという謙称である。君主の前での臣下の自称は臣である。

現代の日本で特に子供から青年にかけて一般的に用いられる僕《ぼく》は、古く『漢書』司馬遷伝に用例が見られ、自らを下僕と謙遜するところから自称となった語である。

現代では「おれ」を用いる男性も多い。この「おれ」には俺の字が当てられているが、北宋時代に作られた音韻書『集韻』に「俺は我《われ》なり、北人《ほくびと》我《われ》を称《しょう》して俺といふ」とあり、北方民族の自称の音を俺の字で表したと考えられる。南宋時代、中国大陸の北半分を北方民族が占有するにいたって、自称としての俺も俗語として広まっていったのであろう。日本語の「おれ」は「おのれ」から来ている。

女性の場合は、男性の僕に対応する女性の召使いを意味する妾《しょう》が自称となった。日本語の「わらは」にこの字を当てる。「わらは」は「童《わらは》」と本来同じ語で、こどもを召使いとして用いたところから、召使いの意となり、武家の女性の謙称となった。

落語「たらちね」(上方落語では「延陽伯」)には京都のお屋敷づとめをしていた女性が登場し、「みづからの姓名は」と名乗り始める。「みづから」という自称は『源氏物語』でも宮女が用いていることから、京都の宮中や公家屋敷で長く用いられていたことがわかる。

【冒瀆】ぼうとく

神聖なものや清らかなものをおかしけがすことをいう「冒瀆」を「冒涜」と書いている例を目にすることがあり、こんな変な略字を使って困ったものだと思っていた。それが頻発するようになってきたので、電子辞書（セイコー製）の『広辞苑』（第五版）を引いてみて驚いた。「ぼうとく」には「冒涜」の字のみが書かれていて、「冒瀆」はないのである。『広辞苑』の本物（冊子、このごろは紙媒体ともいう）を調べてみると、最新の第六版まですべて「冒瀆」であった。

漢和辞典を二、三引いてみた。当然のことであるが『大漢和辞典』には「涜」の字はない。筆者愛用の角川『新字源』にもない。旺文社『漢字典』には「瀆」の項に俗字として収録している。「瀆」の「賣」の部分をこの字の通用字「売」に変えたということは見ればわかるが、そんなことを勝手にしてよいのだろうか。これはかつての「鴎外」論争を思い出させる。

「區」は常用漢字では「区」という略字が採用された。だからといって「嘔」や「鷗」の「區」が自動的に「区」になるということはない。「森鴎外」と印字されることに国文学者たちが異を唱えたことがあった。「鴎」なんて字はない、特に固有名詞は本来の字で書くべきだということであった。これは、「鷗」の字が人名用漢字表に入れられることで決着がついたのだったか。いや、ついていないのか。ともかく、「鴎」流の略字がここにまた現れたということだ。

電子辞書の『広辞苑』では「おうと」は「嘔吐」だが、「もりおうがい」は「森鴎外」だ。冊子の『広辞苑』ではすべて「森鷗外」になっている。

パソコンの漢字変換でも試してみると、「冒涜」「嘔吐」「森鴎外」というように電子辞書と同じであった。

「涜」はJISの第一水準、「瀆」は第三水準なんだそうである。「鴎」と「鷗」も第一水準と第三水準である。「嘔」は第二水準である。要するに電子機器では第一水準と第二水準までは使用するが、第三水準の字は用いないということか。そもそも「涜」という奇妙な字をJISの第一水準にしているのも変な話である。

電子辞書のメーカー、セイコーのPRサイトには次のような注意書きがあった。

電子辞書の表示では限られたドットで表現しているため、簡略化されて表示する漢字があります。漢字の字形はJISの漢字表に準拠して作成したものを採用しているため、印刷字体とは異なるものがあります。

しかし、同じ電子辞書に搭載されている『学研・漢字源（新版）』で「とく」を調べると、ここでも「涜」が出てきて「瀆」はないのだが、「黷」「韥」はある。この二字は「瀆」より画数は多いから、上記の注意書きは「瀆」を載せないという理由にはならない。「黷」「黷」は使用頻度はきわめて低そうであるがＪＩＳ第二水準である。「瀆」の場合、略字「涜」が第一水準になっていて市民権を得ている（ことになっている）から、略字のみを載せたのだろう。

「涜」という字を採用したことについて、最初はメーカーの罪だと腹を立てていたが、結局はこんな変な字をＪＩＳの漢字表に採用したのが元凶であると気づいた。本来の漢字にはない日本製の漢字を国字というが、現代のコンピュータ社会では知らず知らずのうちに国字が作られているのである。

筆者は電子辞書の手軽にスピーディーに調べられる長所を評価し、身近に置いて日常的に活用している。しかし今回、漢字については大いに不信の念を抱かされた。もし、答案に「冒涜」と書いて減点された学生が、電子辞書を証拠に申し立ててきたらどうするか。悩ましい現実の問題である。

ちなみに「瀆」には第一義として、みぞ（溝）という意味があり、人工的な用水路のこともいうが、大きな川の意味でも使う。「四瀆」とは揚子江《ようすこう》（長江）・黄河《こうが》・淮水《わいすい》・済水《せいすい》をいう。次に、けがす、けがれ、あなどるなどの意味があり、「冒瀆」はこの意味での使用である。

【擡頭】たいとう

頭を持ち上げる意味の「たいとう」は擡頭と書くのが正しいが、日本では台頭と書くことが多い。『広辞苑』では台頭と擡頭を併記し、旺文社『漢字典』では台頭に日本での使用を意味する「国」マークがついている。そもそも「台」に持ち上げるという意味はないから、擡のツクリの臺の常用漢字体を通用しているうちにそうなったのであろう。「抬」という字を使っている例もまま見られるが、この字は「涜」（↓二六二頁）と同様、俗字である。

擡頭には文字通りの頭をもたげる意から、「アジア諸国の擡頭」などと勢力を増すという意にも使われるが、さらにもう一つの意味がある。それは、文章を書くとき、帝王や高貴な人に関することば、あるいは姓名などを次行に送り、他行より一、二字分高く書いて敬意を表す書き方のことである。一字高く書くのを一字擡頭、二字高く書くのを二字擡頭という。たとえば今上《きんじょう》帝（当時の皇帝）を表す「上《しょう》」や「聖」は擡頭される。

擡頭はまた擡写ともいい、清朝では特に厳格に行われた。一字擡頭を単擡、二字擡頭を双擡といい、三擡すなわち三字擡頭まであった。宮殿や政府官庁などに関しては一字、皇帝や皇后に関しては二字、先帝はじめ皇帝の祖先や皇太后、天地を祀る祭壇や廟などに関する場合は三字の擡頭であった。

手もとの『十三経注疏』（中文出版社影印本）には巻頭に清の阮元《げんげん》の撰した「重刻宋板注疏総目録」がついている。これを例にあげてみよう（図版参照）。「我《わ》が朝《ちょう》、経学《けいがく》最も盛ん（我朝経学最盛）」というのを「我」で行替えをし、一字擡頭で「朝」が書かれている。これは我が王朝、すなわち清朝に対する敬意を表している。また、「欽定四庫全書《きんていしこぜんしょ》」が擡頭して書かれているのは、皇帝の勅命によってつくられたことを示す「欽定」の語に対する敬意である。『四庫全書』は乾隆《けんりゅう》帝の命によってつくられた。阮元は一七六四（乾隆二九）年生まれで一八四九（道光二九）年没。この文章を書いたのはおそらく道光年間であろうから、先々代の皇帝に対する敬意で三字擡頭となっていると思われる。

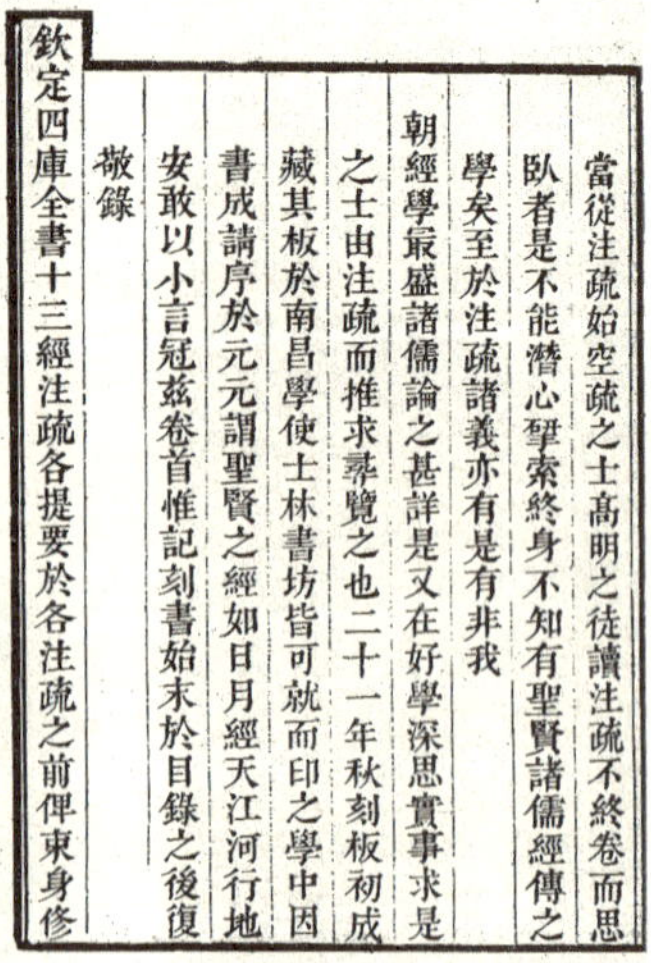
當從注疏始空疏之士高明之徒讀注疏不終卷而思
臥者是不能潛心揅索終身不知有聖賢諸儒經傳之
學矣至於注疏諸義亦有是有非我
朝經學最盛諸儒論之甚詳是又在好學深思實事求是
之士由注疏而推求尋覽之也二十一年秋刻板初成
藏其板於南昌學使士林書坊皆可就而印之學中因
書成請序於元元謂聖賢之經如日月經天江河行地
安敢以小言冠茲卷首惟記刻書始末於目錄之後復
敬錄
欽定四庫全書十三經注疏各提要於各注疏之前俾束身修

重刻宋版注疏

あとがき

勤務先のホームページ上で、漢字や漢語について何か書いてみようかと思ったのは、二〇〇七年の夏ごろだった。思いも寄らない読者がつくかもしれない。いつまで書くか、書くのも不定、やめるのも不定というかたちは、こういう媒体上がいいのかなと思ったのである。ところが、始めてみると次から次へとテーマが出てきて、今度は逆にやめるわけには行かなくなった。結局、百題にまで行き着くことになったのである。もちろん、日程的には疎密の差はある。意外に夏休みなどには書けないことが多い。

思いも寄らないファンもできた。ネットで『漢語百題』を引くと、いくつものサイトに登場する。手紙をもらうこともあった。

もう一つ、我が家のお宝映像である祖父の昔の写真を、多くの人に見てもらいたいと思ったことも『漢語百題』を書く理由であった（「弁」の項）。決して成功した人生を送った人ではなかったけれど、普通の人が海外でささやかな雄飛を試みた一例だろう。筆者が三歳の時に亡くなった祖父は、体の小さな人だったそうだから、大きく見える写真で喜んでいることだろう（祖父の姉は養子と結ばれ家を継いだが、やがて破産し、一家ともどもブラジルに移民した。船中で夫を病死させた姉は、その後ブラジルで成功した。もっと資料があれば小説にもなりそうである)。

現在、われわれが困っているのは、若い人たちの漢字の「知らなさ」加減である。漢字とともに生きてきたわれわれは、彼らがどのように生きてゆくのか、想像ができない。一度この世の中を、全く漢字のない世界に置き換えてみたほうがいいのかもしれない。いかに奥行きのないところにいることか、思い知るだろう。

現代の韓国は、そうした状況に置かれている。十六〜十七年前の韓国では、ハングルばかりの文体と漢字ハングル混じりの文体が平行していたが、次第にハングルばかりの文体に変わっていったようである。日本語でいうなら、ひらがなばかりになっているわけで、同音異義語をどのように聞き分けているのか、人ごとながら気にかかる。

漢字を使う立場として、昨今、気にかかるのは子供のネーミングである。いわゆるキラキラ名前の子供達が増えてきた。その名の由来を正しく理解しているのか。最近は音読みか訓読みの一部をその漢字の読みとしているケースが増えてきた。現代版万葉仮名というべきだろうか(「未央」の項)。

「漢語百題」の命名者であり、毎回書くたびにアップをお願いしている中央大学文学部哲学共同研究室の高橋晶子さんには、いつもたいへんお世話になっている。

大修館書店の西阪治子さんは、かなりいい加減な話までも漢文の教科書なみにグレードアップしてくださった。感謝している。

二〇一四年十二月

岸田知子

水中（すいちゅう）231
頗る（すこぶる）118
筋（すじ）192
青山（せいざん）186
説文解字（せつもんかいじ）122
旃（せん）128
千秋万歳（せんしゅうばんざい）50
相（そう）142
曾子（そうし）93
漱石（そうせき）83
粟（ぞく）136
蘇軾（そしょく）186

■た行
貸（たい）255
大学（だいがく）195
対策（たいさく）180
大丈夫（だいじょうふ）138
擡頭・台頭（たいとう）269
七夕（たなばた）60
玉（たま）57
虫・蟲（ちゅう）251
張本（ちょうほん）163
遂（つい）117
都合（つごう）161
哲学（てつがく）189
轍鮒之急（てっぷのきゅう）257
斗（と）178
杜（と）214
塔（とう）234
堂（どう）173
陶淵明（とうえんめい）37,88
董奉（とうほう）46
兎角（とかく）21
秋（とき）50
塗炭（とたん）95
呑炭（どんたん）96

■な行
中井竹山（なかいちくざん）152
恁ぞ（なんぞ）129
尼（に）154
西周（にしあまね）189
二十八宿（にじゅうはっしゅく）168
人間（にんげん）183
猫（ねこ）13
耳（のみ）130

■は行
柿（はい）245
排行（はいこう）105
白（はく）8
帛（はく）238
伯夷・叔斉（はくい・しゅくせい）136
白眼視（はくがんし）9
白居易（はくきょい）24
白日（はくじつ）54
白眉（はくび）8
旃（はた）129
幕下（ばっか）216
反訓（はんくん）119
非（ひ）125
譬（ひ）151
未央（びおう）223
控（ひかえる）170
避諱（ひき）100
姫（ひめ）140
百（ひゃく）4
猫（びょう）13
不（ふ）125
複姓（ふくせい）108
文（ぶん）90
分野（ぶんや）168
兵（へい）166
陛下（へいか）216
篇・編（へん）253
弁・辨・瓣・辮・辯（べん）258
勉強（べんきょう）221
蓬（ほう）40
夢（ぼう）51
方策（ほうさく）182
冒瀆・冒涜（ぼうとく）266
僕（ぼく）264

■ま行
御（み）199
耳（みみ）130
夢（む）51
無（む）125
虫・蟲（むし）251
紫（むらさき）6
名月・明月（めいげつ）228
棉・綿（めん）238
孟子（もうし）93
白す（もうす）8
戻る（もとる）146
百（もも）4
桃（もも）42
杜（もり）214
諸（もろもろ）128

■や行
山片蟠桃（やまがたばんとう）30,45
夢（ゆめ）51
余・餘（よ）264
陽（よう）134
蓬（よもぎ）40

■ら行
蘭（らん）35
乱（らん）119
戻（れい）146
例（れい）260
連衡（れんこう）75
狼（ろう）11
狼狽（ろうばい）12

さくいん

＊項目タイトルを中心に、文中で取り上げられている語を五十音順に並べている。
＊項目タイトルに採られている語はゴシック体で示した。
＊同じ項目に採られている場合に限り、同じ読みの語を並べている。

■あ行

相（あい） 142
愛知（あいち） 189
秋（あき） 49
字（あざな） 98
阿弥陀（あみだ） 218
非ず（あらず） 125
粟（あわ） 137
緯（い） 206
一日千秋（いちじつせんしゅう）49
諱（いみな） 100,103
陰（いん） 134
烏有（うゆう） 22
芸（うん） 262
影響（えいきょう） 156
干支（えと） 66
王羲之（おうぎし） 23,93,101
狼（おおかみ） 11
沖（おき） 201
屋（おく） 175
俺（おれ） 265
御（おん） 199

■か行

膾炙（かいしゃ） 92
快刀乱麻（かいとうらんま） 80
懐徳堂（かいとくどう） 152
帰る（かえる） 143
閣（かく） 234
学習（がくしゅう） 221
仮借（かしゃ） 122
臥薪嘗胆（がしんしょうたん） 71
合従連衡（がっしょうれんこう）75
蛾眉（がび） 25
観光（かんこう） 152
干支（かんし） 66
観音開き（かんのんびらき） 220
還暦（かんれき） 69
姫（き） 140
虫（き） 251
机下（きか） 216
菊（きく） 37
帰す（きす） 143
鬼門（きもん） 30
御（ぎょ） 199
経（きょう） 204
矜恃・矜持（きょうじ） 245
凝脂（ぎょうし） 23
杏林（きょうりん） 46
共和（きょうわ） 159
玉（ぎょく） 57
麒麟（きりん） 16
金蘭之契（きんらんのちぎり） 35
轡（くつわ） 151
経（けい） 204
藝（げい） 262
経緯（けいい） 207
猊下（げいか） 216
稽古（けいこ） 225
袈裟懸け（けさがけ） 219
御（ご） 199
盍（こう） 129
甲（こう） 150
控（こう） 170
郊（こう） 208
更衣（こうい） 63
合音字（ごうおんじ） 128,131
郊外（こうがい） 208
孔子　6,20
呉越同舟（ごえつどうしゅう） 71
五経（ごけい） 204
孤独（こどく） 144
互文（ごぶん） 110
諸（これ） 128
更衣（ころもがえ） 63

■さ行

塞（さい） 85
塞翁馬（さいおうがうま） 85
策問（さくもん） 181
三礼（さんらい） 204
紫（し） 6
師・士（し） 242
柿（し） 249
耳（じ） 130
尼（じ） 154
志学（しがく） 88
七夕（しちせき） 60
質（しつ） 90
室（しつ） 175
実字（じつじ） 114
借（しゃく） 255
弱冠（じゃっかん） 88
寿（じゅ） 70
縦横家（じゅうおうか） 75
出世（しゅっせ） 210
春秋（しゅんじゅう） 204,205
諸（しょ） 128
小学（しょうがく） 195
松柏（しょうはく） 33
丈夫（じょうふ） 138
助教（じょきょう） 148
助字（じょじ） 114,117
白（しろ） 8
人間（じんかん） 183
螓首（しんしゅ） 25
遂（すい） 117
水上（すいじょう） 231

[著者略歴]

岸田知子（きしだ　ともこ）
1947年、兵庫県生まれ。1975年、大阪大学大学院文学研究科博士課程単位取得退学。
高野山大学教授等を経て、現在、中央大学教授。中国哲学・日本思想を専攻とする。著書に『懐徳堂とその人びと』（共著、大阪大学出版会）、『空海と中国文化』（大修館書店）、『漢学と洋学 伝統と新知識のはざまで』（大阪大学出版会）、論文に「王羲之と薬」「『篆隷萬象名義』の字義について」「懐徳堂知識人の老荘観」等がある。

漢語百題《かんごひゃくだい》

NDC 811/vii, 275/19cm

初版第1刷――2015年3月1日

著者――岸田知子《きしだともこ》
発行者――鈴木一行
発行所――株式会社 大修館書店
〒113-8541　東京都文京区湯島2-1-1
電話03-3868-2651（販売部）03-3868-2291（編集部）
振替00190-7-40504
[出版情報] http://www.taishukan.co.jp

装丁者――下川雅敏
印刷所――壮光舎印刷
製本所――難波製本

ISBN 978-4-469-23275-2　Printed in Japan

漢文とっておきの話

諏訪原研 著

◉本体1900円（四六判・256頁）

しゃべるウナギや賄賂で天国へ行った泥棒、身を挺して主人を救った犬の話など、笑いあり、涙ありの「とっておき」の漢文20話余りを収録。原文・書き下し文に、わかりやすい解説と機知に富んだコメントを加え、読めばもっと漢文にふれたくなること間違いなしの一冊。

漢字と日本人の暮らし

阿辻哲次 著

◉本体1300円（四六判・176頁）

コンピュータと漢字の関係や現代における「常用漢字」の意味など、日常のちょっと気になる事柄から、漢字の性質や歴史といった奥深い世界まで、阿辻教授がおなじみの軽妙な語り口でご案内。「読める」「書ける」だけではなく、もう少し広く深く漢字を知りたい人のための一冊。

定価＝本体＋税

●岸田知子の好評既刊

あじあブックス
空海と中国文化
岸田知子 著
◉本体1600円（四六判・200頁）

平安の世に唐土に渡り、真言密教を持ち帰った弘法大師・空海。だが、空海が日本にもたらしたものは、仏教の教えだけではなかった。中国文化の伝達者として、後世に大いなる遺産をのこした空海の学問と芸術の世界を、その詩・書・著作を通して描き出す。

定価＝本体＋税